「子どもらしさ」と「学校」の終焉

―生きるための教育をもとめて―

深谷昌志著

黎明書房

はじめに

黎明書房の編集部から「生きるための教育」をまとめて欲しいと依頼があったのは、三年以上も前になる。正確にいえば「教育における生と死」について考察をして欲しいというのが編集部の狙いだった。たしかに、死と教育とのかかわりを探求するのは、魅力的で斬新な発想だと感じた。

しかし、本来、「生」を教える場である教育と「死」との接点をまとめるのは難問だった。とても、一冊の本を上梓する自信を持てなかった。そこで、「生きるための教育」に対象を限定して構想をまとめてみようと思った。

「生きるための教育」という以前の問題として、「生き生きとした子ども」が姿を消したのではないか。あるいは、「子どもの中から生き生きとした感じ」が薄れているのではないか。そうした印象が強かった。そこで、子どもたちの現状を「生きる」を軸としてとらえてみたいと思った。

筆者は、三〇年以上にわたって、子どもを対象とした意識調査を実施してきた。そうした経験を持っていても、このところの子どもたちの変容についていけないものを感じる。「キレル」生徒の話を耳にすると、「どうしてそんなことをするのか」、生徒の気持ちを知りたいと思う。そして、保健室に入り浸る生徒たちはどういう気持ちなのか、心の内を聞きたくなる。不登校の子どもたちの気持ちにも耳を傾けてみたかった。

いじめや不登校、学級崩壊などについての有識者といわれる人のコメントを聞いていると、子どもの心が分かっていない。おとなの一人よがりの論理だと感じることが多い。もちろん、筆者も子どもの心が分かっているというつもりはない。というより、子どもが分からないだけに、分かろうと努力してきたつもりだ。そうした気持ちが調査への取り組みを真剣なものにしてくれたのだと思う。

そうした気持ちから、折々の機会に子どもたちの心の内を尋ねる調査を重ねてきた。しかし、それぞれの分析に追われ、全体として、子どもたちがどうなっているのか、全体像を描くゆとりがなかった。そこで、これを機会に、「子どもらしい子どもがどうしていなくなったのか」をデータを通して考えてみたいと思った。

それぞれのテーマを分析する内に、子どもたちの状況分析に多くの枚数を費やすことになった。そして、「生きるための教育」にたどりつけなかった。そこで、まとまった原稿を編集部に送って、判断を仰いだ。

編集部から返ってきたのは、基本的にはこのままでよいと思う、若干の補筆をして、『「子どもらしさ」と「学校」の終焉－生きるための教育をもとめて―』で出版してはという結論だった。

本書の大半は子どもたちの心情を描くことに費やされている。どこから読んでいただいてもいいが、序章で子どもの状況を概観する。次いで、一章で、ややマクロに、少子化などに関連させて、子どもの変化を跡づける。二章では、学校に焦点を据えて、子どもにとっての学校の意味を掘り下げる。さらに三章で、子どもたちの心の中に入り込んで、保健室の意味などを考察する。子どものこうした心情を通して、「学校の終焉と生きるための教育」の状況が自ずと見えてくると思うが、終章であらためて「生き生きとした子どもを再生させる」方法を検討してみた。

二〇〇〇年一月

深谷昌志

目次

目次

目　次

序章

成長のスタイルの変容

(1) テレビ以前の子どもの生活

子どもたちが変わったといわれる。変わったのはたしかだと思うが、どう変わったのか。そして、変わった背景は何かが問題になる。しかし、変わったのは子どもなのではなく、子どもをとりまく環境が大きく変わった。より正確にいうなら、そうした環境の変化を受けて、子どもの生活が変わっていったのであろう。

子ども部屋の周りを見渡してみよう。テレビにテレビゲーム、ラジカセにマンガ雑誌などがところ狭しと置かれている。現代の子どもたちにとって当たり前の光景だが、おとなたちの子ども時代を思い起こすと考えられない位のメカニックなメディアに囲まれた状況である。

現代に身を置いていると、現代をめぐる状況がずっと昔からあったように思いがちになる。それでも、おとなたちは過去との連続の中で、現在の生活を送っているから、過去と関連させて、現在をとらえることができる。それに対し、子どもたちは現在しか生きていない。したがって、現在がすべてで、過去との変化といわれても実感を持ちにくい。現代の子どもたちは、子ども部屋に冷暖房がつき、居心地のよいのが当たり前に思っている。それだけに、祖父から「みかん箱を勉強机として使った」と聞かされても、自分と関係のない昔話となる。

やや長いスパーンで子どもの生活をとらえたとき、もっとも大きな環境の変化はテレビの普及であろう。テレビが子どもになじみ深いものになったのは三〇年以上昔になる。具体的には昭和三七年にテレビの受信契約台数が一千万台に達し、テレビが二軒に一軒の割合で普及することになった。翌三八年に「おかあさんといっしょ」、「ロンパールーム」そして「鉄腕アトム」や「鉄人28号」などの放映が始まっている。

したがって、昭和三七年前後に生まれた子はテレビのある環境の中で生まれ、テレビを子守歌代わりに育った感じになる。そしてそうした育ち方をした子どもは三〇代後半に近づいている。

考え方によれば、昭和二〇年代に生まれた子どもも、大正、そして明治の子どもも身近にテレビがないという意味では同じような育ち方をしている。試みに、現代の子どもの周辺からテレビやその他のメカがなくなった状況を考えてみよう。家にいても遊ぶものがなく退屈だ。それならば、本でも読むか、それとも、外へ行ってだれかと遊ぼうということになり、外遊びをする子が増加するのでないか。

テレビ以前の子どもたちの生活を象徴するのは群れ遊びであった。そうした群れ遊びに共通するのは、①屋外に、②なん人かの子が集まり、③体を動かしながら、④これといった玩具を使わずに、⑤みんなでルールを作りながら、⑥自発的に遊ぶ姿だった。

地域に根をおろしたそうした群れを「ギャング集団」、群れに属する年齢層を「ギャング・エイジ」と呼ぶのは周知の通りであろう。そして古今東西を問わず、子どものいるところにはギャングの群れがあるのが常であった。

もちろん、遊びはその時代の流れを受けて変わっていく。メンコがその代表だが、戦争メンから相撲メン、そして野球メンさらに怪獣メンと、メンコの絵柄は変化している。さらに、フラフープやダッコちゃんなどのような流行の中で目につく遊びもあった。

もちろん、遊びの中には、時代を超えて、共通した遊びもある。鬼ごっこやかくれんぼがその代表例であろう。明治時代の子どもの遊びを扱った書物を見ていると、かくれんぼや鬼ごっこなどとともに、押しくらまんじゅうやケンケンパなどの懐かしい遊びが描かれている。そして、そうした遊びが、諸外国を訪れると、夕方の街角で現在でも見うけられるのは周知の通りである。

また、正月のたこ揚げや羽根つき、春のつくし摘みや草笛、そして夏の川泳ぎや蝉とりと、季節に応じて遊びの内容も変化する。したがって、どんな遊びをしてもいいのだが、いずれにせよ「群れて遊ぶ」のがかつての子どもらしい生活のスタイルだった。

そうした遊びを通して、子どもたちはさまざまな大事なものを身につけていったと考えられる。群れ遊びの持つ効用を拾い上げれば、以下のようなものであろう。①体が丈夫になる、②自然環境への接し方を学ぶ、③友だち付き合いの仕方を覚える、④やる気が芽生える、⑤創造力が育つ、⑥自分らしさを確認できるなどがその具体例になる。このうち、外で遊んでいれば体が丈夫になるので①の効用は理解できよう。また、②の自然との触れ合いも、かつての遊びは木登りや魚とり、釘さしなど、自然の中での遊びなので、意識していなくとも、自然を理解することができた。そして、鬼ごっこやかくれんぼを通して、③の「友との付き合いかたが身につく」だけでなく、友と競い合うので④のような「やる気」が育ってくる。また、遊びのルール作りをしながら「創造性」が身につくのである。

こう見てくると、群れ遊びは子どもを心身ともに成長させる素晴らしい成長剤のように思われる。

(2)　群れ遊びの喪失

子どもの周りにテレビが進入してきた。これまでは、鬼ごっこやかくれんぼにせよ、遊ぶためには外へ行き、仲間を集め、時にはけんかをしながら遊ぶのが常であった。しかし、テレビは自分から何もしなくてもスイッチを押すだけで楽しい時を過ごせる。なにしろ、自分の方から働きかけなくとも、テレビの画面は次々と変わっていくので、楽しさに時を忘れてしまうこともある。といって、テレビに飽きたら、スイッチを切れば画面はすぐに暗くなる。友との遊びのように遊びをやめる手続きなどはいらない。

一人の子がテレビ好きになり、外遊びの群れから外れる。ちょうど、その頃から学習塾通いが盛んになったので、塾通いをする子も増える。そういう形で、群れる子の数が減少する。そうなると、外へいっても友がいるとは限らないので家の中でテレビを見て、退屈を紛らわそうとする子も現れる。

群れ遊びが減って、テレビに見入る子どもたちの増えた背景は多様であろう。都会の場合は自然環境が破壊され原っぱが減った状況に、車が増えたことが加わり、子どもが安心して遊べる場が失われた。山村部では自然は保たれているが、過疎化により子どもの数が減り、それに家庭の居心地がよくなって、子どもたちはテレビの前にかじりつくようになったなどが考えられよう。

その結果、都市や山村を問わず、群れ遊ぶ子どもの姿は消え、子どもたちは「巣ごもり」をするように家の中に身を隠してしまった。家庭の中には、テレビの他にもマンガやラジオ、室内ゲームのように、一人で時を過ごすのに適した「玩具」があるので、子どもたちは退屈しないですむ。このように、テレビやマンガ、そして、プラモデル、ラジカセと数え上げていくと、テレビ以後の子どもたちの遊びが、一人だけで時間を過ごす室内型へ変わったのに気づく。

こうした形で、遊びが孤立化してくると、群れ遊びが果たしたような効用を期待できなくなる。「群れ遊び」の効用と対比させて、遊びの「孤立化」が子どもの人間形成にどのような歪みをもたらしたのかを考えてみよう。

テレビを見るような孤立型の時間の使い方をしていると、①体力はつかず、②自然と接する機会が減り、③友だち付き合いをすることなく、④やる気も育たず、⑤創造力はひろがらず、⑥自分に対する自信を持てないなどとなる。

このように「群れ」から「孤立」へ遊びが変化することは、遊びにとどまらず、子どもの人間形成に大きな影響を及ぼす。①から⑥の変化を受けて、体力が低下し、友だちができず、やる気が薄れ、自信を持てない子どもが育ってくる。

このところ、生徒指導の問題に社会的な関心が集まっている。無気力さや人間関係の未成熟さなどが、生徒指導の背景にあるといわれる。そして、そうした問題の底流に、群れて遊んだことのない子どもたちの成長のスタイルが関連するように考えられる。

(3)　マルチプル・メディアの中で育つ

これまで、子どもの成長にテレビが与えた影響を考察してきた。しかし、現在のテレビの持つ意味は昭和四〇～五〇年頃と大きく変わった。その違いをあげれば以下のようになる。

①家にあるテレビの台数が増えテレビがパーソナル化した、②ビデオ機能の内蔵によりリアル・タイムに視聴しなくてもよくなった、③テレビゲームの開発によりテレビをゲーム機として利用できる、④衛星放送やケーブルテレビの普及によりチャンネル数が増加し、二四時間視

聴が可能になった、⑤リモコン機能が充実し、自分から働きかけなくとも、テレビを充分に楽しめるようになった、⑥ファックスなどと連動させて、テレビのツー・ウェイ化の可能性が増加したなどとなる。

今となると、一家にテレビが一台しかなく、どの番組を見るかのチャンネル権争いが問題になった時代が懐かしく思える。テレビの普及した後でも、かつての家庭には家族との接触があった。しかし、現在はまったく一人で自分だけの時を過ごせるのである。そうした意味では「孤立化」がさらに強まったといえよう。なにしろ、それぞれが自分のテレビを持っているだけでなく、忙しい時には見たい番組を留守録しておくこともできる。

それと同時に、ビデオやテレビゲームがテレビに連動するので、テレビに飽きても違った形で時を過ごせる。さらに、ラジカセそしてパソコン、パソコン通信など、子どもの周りに新しい魅力的なメディアが次々と登場している。

テレビを見た後でテレビゲームをする。そして、ラジカセでCDを聞き、さらにマンガを読むというように、メディアの梯子をしながら時を過ごすという感じである。その結果、文字どおり、子どもの間に一人きりで時間を過ごす生活のスタイルが定着する。

もちろん、テレビと付き合う一方で、子どもは学習塾通いなどをして勉強に打ち込むので、そうした子どもは、物知りな上に静かに時を過ごす素直なよい子でもある。したがって、現代の子どもの持つ問題は顕在化しにくい。しかし、「孤立化」でふれたように、その内面は友を持つことなく、体も使わず、自然に接することなく、やる気を育てることなく、受け身の形で成長する子どもたちである。

本来、外で元気に友と遊ぶのが子どもらしさであろう。したがって、子どもたちの現在は子どもらしさの喪失と要約できる。しかし、そうした指摘は固定化した見方で、もしかしたら、電子社会の中から新しい子どもが誕生しているのかもしれない。いずれにせよ、マルチ・メディア化の傾向は避けられないと思うが、これまでとまったく異なる状況だけに、子どもたちがどういう成長の仕方をたどっているのかを、注意深く跡づけていく必要があろう。

(4)　「学校」機能の終焉

こうした成長のスタイルの変容については、本書で詳しく検討することにするが、テレビに象徴される情報化の到来は、遊びに限らず、子どもの生活に大きな影響を及ぼしている。

特に、子どもたちの勉強のあり方が変わってきている。テレビを通して、子どもたちはそれまででは考えられない位の広い範囲のさまざまな情報を吸収していく。テレビやラジオがなければ、遠い社会の情報は活字を通して吸収するのであろうが、活字はきちんと学ばないと読解力がつかない。平仮名や片仮名に加え、漢字があるので、曲がりなりにも、おとなの本を読めるようになるのは小学校高学年であろう。それに対し、テレビの場合、年齢に関係なく、誰でも画面を理解できる。子どもでも、ニュースを見ていれば、行ったことのない遠い国のできごとをリアルタイムで見ることができる。自分から努力をしなくとも視野が飛躍的に拡大していく。

ここで、もう一度、テレビやラジオが入ってくる以前の家庭を考えてみよう。子どもたちは家庭の中で手伝いをしたり、家業を助けたりして、さまざまな体験を身につけていくことはできた。しかし、学校に行かなければ新しい情報は入ってこなかった。学校は新しい知識を伝達してくれる地域の中にある唯一の文化センターであった。

「学校」といっても高等教育をイメージするか、それとも、庶民教育を連想するかによって、学校の成り立ち方が異なる。日本を例にとるなら、藩校が高等教育機関であり、寺子屋が初等教育となるのは周知の通りであろう。

本書は子どもの成長を問題としているので、初等教育に焦点をしぼろう。寺子屋は、子どもに読み書きを習得させることの必要性が社会的に感じられるようになり、親も経済的なゆとりが少しできて、子どもの勉学を支えられるようになった状況から就学が進む。もっとも、寺子屋は、「以呂波」から「国尽し」や「名尽し」など、その子の必要性に応じて、あらかじめ獲得する知識を決めておき、それを身につけたら退塾するのが常であった。必要とする知識を教えてくれる場が寺子屋で、それだけに、短期間でやめる子もいれば、長期間塾で学ぶ子どもの姿もあった。

明治に入ってからの「学校」も、西欧的な基礎学力を効率よく伝達する目的で作られた。急速な近代化を果たすためには、国民に西欧的な学力をつけさせる必要がある。匁や坪などの和算の代わりにグラムやセンチの洋算を学ばせる。あるいは、「往来物」に代わって「日本地理」や「世界地理」を身につけさせることなどが、その具体例となる。

といっても、明治初めの日本は財政的に貧しく、立派な校舎を建て、優秀な教員を雇うのは難しかった。そこで、①学習指導要領（教則というが）を定めて、学習する内容を明確にする、②学級制を定着させ、一人の教師がたくさんの子どもを教える形を作る、③知識を定着させる授業技法を開発し、それを広めるなどの方策がとられた。学級を単位として知識を効率よく伝達していく学校である。

ここで、学校の歴史を詳しく跡づける余裕はないが、日本の学校は知識を伝達する機能に優れていた。しかし、すでにふれたように、現代では、テレビの普及によって、ストレートな形で情報が家庭に飛び込んでくる。子どもたちも、テレビを見ているだけでも新しい情報を入手できる。そうした意味では、現代の学校は、もはや文化センターといいにくい状況を迎えている。

さらにいえば、現代になるほど、おとなになるために必要とされる知識の量が増加している。昔なら、パソコンや英語は小学生に不要であったし、ダイオキシンやオゾン層なども学ぶ必要はなかった。しかし、現代では、そうした情報を獲得しておくことが重要になる。その結果、子どもたちが学ぶことを求められる知識量が爆発的に増加している。

それでも、新しい知識をなんとか子どもに伝達できたとする。しかし、ベルリンの壁がなくなり、ソビエトが解体したなど、崩れないと思われた枠組みが崩壊する。あるいは、人種や性などについてまったく新しい見方が広まってくる。こうした形で知識の体系が変化し、時には、獲得した知識が誤りとなる。かつての社会では、知識が大きく変動しなかったので、獲得した知識はその人に生涯有効性を保っていた。しかし、現在は、知識の有効期限が短くなり、知識の陳腐化が進む。

このように知識が増大するだけでなく、陳腐化が激しくなると、知識の伝達を目的とした学校は、本来の役割を失い始める。知識の獲得だけなら、学校に行かなくともよい。それに加え、獲得したとしても、知識はすぐに古くなり、時代に合わなくなる。そうだとしたら、「学校」は何のために存在するのか、存在理由が危うくなる。それにしては、子どもたちは長い時間学校に拘束され、子どもの生活の中で学校の占める重みが大きすぎるように思われる。

このところ、学校の地盤沈下が叫ばれるが、問題の根は深い。いじめや不登校、高校中退などの底流に、学校のあり方が問われているのを感じる。多くの社会で、「学校」という制度は一九世紀に生まれ、二〇世紀に定着した。しかし、何事にも生と死があるように、学校も使命を終え、終焉の時を迎えているのかもしれない。少なくとも、過去の体質から脱皮しない限り、学校の未来は暗いように思われる。

先回りをして、問題を指摘しすぎたのかもしれない。以下、三章九節に分けて、子どもの姿を紹介しつつ、問題を深めていきたいと思う。なお、本書で描かれているのは、一九九五年から九九年にかけて実施された調査をもとに描かれた子どもたちの姿である。

第1章 子どもをめぐる状況

第1節　少子化状況の中で

1　少子化の現状と背景

(1)　少子化の基本的な動向

「少子化が進展している」のは誰でも知っている事態であろう。しかし、「少子化」が印象として語られ、実際の少子化がどの程度なのか、正確な状況はそれほど理解されていないような印象を受ける。そこで、調査結果を手がかりとして、問題を深めるのを目的とする本書の中では異例になるが、統計的な資料などを使って、少子化の基本的な数値を確認しておこう。

①　出生数＝いわゆる団塊の世代の出生数は昭和二四年の二七〇万人（合計特殊出生率は四・三二％）がピークでその後出生数は減少するが、昭和四八年の第二次ベビーブームの時に二〇

九万人（特殊出生率は二・一四％）が出生した。その後は年間出生数は減少の一途を辿っている。第二次ベビーブームを基準として年間出生数の変化を紹介すると、以下のようになる

出生数

昭和四八年生まれ	二〇九万	（一〇〇％）	―団塊の世代ジュニア―
昭和五五年生まれ	一五五万	五四万減	（七四％）
五七年生まれ	一五一万	五八万減	（七二％）
五九年生まれ	一四七万	六二万減	（七〇％）
六一年生まれ	一三六万	七三万減	（六五％）
六三年生まれ	一三〇万	七九万減	（六二％）
平成　二年生まれ	一二〇万	八九万減	（五七％）
五年生まれ	一一九万	九〇万減	（五七％）
十年生まれ	一一一万	九八万減	（五三％）

つまり、団塊の世代ジュニアー（第二次ベビーブーム）の出生数二〇九万人を基準にすると、昭和六一年の出生数は六五％にあたる一三六万人、そして、それからも子どもの数の減少が続き、平成五年は、五七％の一一九万人に低下している。しかも、少子化に歯止めがかからず、平成十年は、一一一万（五三％）の出生数になった。そして、これから先、出生数がさらに低

下する可能性が強い。

②　合計特殊出生率＝合計特殊出生率（一人の女性が生涯に産む子どもの数の推定値）は平成元年の一・五七％、三年の一・五三％、四年の一・五〇％、五年の一・四六％のように低下している。人口の維持の可能な二・〇八％を大きく下回って、下降傾向を辿っている。ちなみに、大正一五年は五・一一％、昭和五年が四・七一％、昭和一五年は四・一一％のように、かつての日本は「多産多死」の社会であったが、現在は「少産少死」の社会構造に移行している。なお、平成六年の出生数が前年より四万人増えて一二三万人となり（前年より出生数が増えたのは一九七三年以来二一年ぶり）、合計特殊出生率も一・五〇％になった。しかし、それは一時の現象で、平成九年は一・四％を割り、一・三九％に落ち込んだ。

③　高齢化＝少子化と同時に、高齢化が進展するので、人口の中で六五歳以上が占める「老年人口比率」は一九七〇年の七・一％から、一九八五年に一〇・三％と一〇％を超え、その後一九九〇年の一二・〇％を経て、一九九五年に一四・四％に達した。高齢者の比率が七％から一四％へ変化するのに、イギリスは五〇年、アメリカは七五年かかると予想されるのに、日本は二五年で世界有数の高齢化社会に突入した。こうした急速な高齢化傾向はこれからも続き、二〇〇〇年の一七・〇％、二〇一〇年の二一・三％、二〇二〇年の二五・五％の経過を辿って、高齢化率が世界一になる時が迫っている。

④　児童の占める割合＝昭和一〇年に人口の中で一四歳未満の占める割合は三六・九％を占めた。若い世代が人口の四割に迫る若々しい社会である。その後、子どもの占める割合は減少を続け、昭和二五年が三五・四％、昭和三五年は三〇・二％、四五年が二四・三％、そして、六〇年は二一・五％になった。そして、平成一〇年、人口の中で一五歳未満の子どもの占める割合は一五・二％で、これは老年人口の一六・〇％を〇・八％下回っている。端的にいって、子どもより高齢者の方が多い社会である。

なお、人口の中で、子どもの占める割合は、諸外国の場合、中国の二六・九％、韓国の二二・四％、アメリカの二一・八％、スウェーデンの一八・八％、イギリスの一九・四％などで、いずれも日本を上回っている。それだけ、日本は、世界でもっとも子どもの少ない社会になりつつある。

(2)　少子化の背景

少子化はさまざまな社会的な条件が重なり合って生じているので、少子化の背景を分析するのはそれほど簡単ではない。しかし、少子化を促すいくつかの要因を拾い上げるなら、女性の高学歴化や職業を持つ女性の増加などが目につく。その結果として、結婚年齢の遅れや非婚化傾向が強まっている。

表1　上の子の出生前後

（%）

(1)　結婚で仕事をやめた	24.3
(2)　出産で仕事をやめた	30.5
(3)　出産後も勤めた	14.7
(4)　自営の手伝い	11.0
(5)　家事見習い	10.8
(6)　その他	8.7

平均初婚年齢も、昭和二五年に男子二六・二歳、女子二三・六歳であったのに、昭和四五年は二七・五歳と二四・七歳と一年延び、平成八年は三〇・五歳と二七・二歳のように、さらに三年も延びている。そうなると、出産年齢も遅くなってこよう。

小・中学生を持つ母親を対象として、母親の意識調査を行った調査結果[1]によると、二四歳までに第一子を出産した学歴別の割合は、高校卒三九・三%、短大卒二六・五%、四年制大学卒一七・二%である。

考えるまでもなく、在学している間に出産を控えるのは当然の話で、そうなると、四年制大学卒業生の出産年齢が平均して二〇代後半になるのは避けられなくなる。

もちろん、卒業後の女性は仕事を持とうとする。しかし、現在の職場では育児と職業との両立はかなり困難で、出産を契機に退職する女性も少なくない。もう一度データを紹介するなら、出産前後と仕事との関係を確かめると表1のようになる[2]。

表1が示すように、五四・八%、つまり半数以上の女性が結婚や出産を契機に退職している。しかし、厳密に考えると、「全体」の

中に(4)「自営の手伝い」や(5)「家事見習い」が含まれているので、それらを除外すると、仕事をしていた女性は六九・五％で、そのうち、やめた者が五四・八％なので、出産前後の退職率は七八・八％と有職者の四分の三を上回る。

もちろん、母親の中には「子どもが生まれたら、仕事をやめようと思っていた」（一九・八％）や「出産後は育児に専念するのが当然」（一五・五％）と答えている者もいる。したがって、退職者の全員が不本意な退職とは限らない。

それでも「仕事と家事との両立が難しい状況だった」（一〇・九％）や「子どもを頼める人がいなかった」（五・二％）、「夫の希望で」（四・五％）などがかなりの割合を占める。したがって、先ほどの「四分の三」ほどではないにしても、「仕事を続けたかったが、やめざるをえなくなって退職した」という思いを持つ女性がかなりの比率を示すのはたしかなように思われる。

そうなると、働く女性は可能な限り出産を遅くする傾向に走りやすい。さらにいえば、育児休業制度の不備や、ゼロ歳児保育を中心とする保育施設の貧困さなどが働く女性の出産にブレーキをかけているように考えられる。

育児休業制についてふれるなら、現在でも、法的に認められるといっても、育児休暇をとりにくい雰囲気の企業が少なくない。そして、仮に育児休業がとれても、期間は一年、それも無給である。現職復帰もかならずしも保証されていない。ドイツやスウェーデンなどで、期間が三年、現職の七、八割支給の育児休業制が実施されているのと比較すると、働く親への支援が立ち遅れているといわざるをえない。

ちなみに、小学生を持つ母親の場合、第一子出産時に五八・九％、第二子出産時に二三・九％が育児のために退職し、八六・〇％が自分（母親）だけで育児をしている。フルタイムは一〇・七％で、専業主婦が四七・二％、パートタイム二八・四％、自営九・七％（その他が四・五％）でほぼ九割の母親が子どもの帰宅時に在宅している生活を選んでいる。

欧米では出産後も仕事を持つ女性の生き方が定着している。特に、七〇年代の女性解放運動以来、専業主婦の生き方に疑問を持つ女性が増加している。加えて、欧米の就労形態はフルタイムを原則としている。そうした意味では、子どもの立場になって考えると、父と母とがともに働いている感じになる。

それに対し、日本では母親が出産前後に退職し、その後子育てを終えてまた仕事につくM字型の就労形態が一般化している。といっても、フルタイムでの職場復帰は難しいので、再就職はパートの形になりやすい。考えてみると、パートタイムという就労形態は、仕事と家庭との両立を図るために作られた日本型の女性の就労形態なのであろう。そうした苦労を避けたいと、結婚をしても子どもを持とうとしないいわゆるＤＩＮＫＳの生き方を望む女性も少なくない。

それぞれの社会によって、女性の就労形態にはさまざまなスタイルが認められる。そうした

表2　将来の生き方（「わからない」を除く）

（%）

	専業主婦		共働き		ディンクス	
	男子	女子	男子	女子	男子	女子
東京	69.8	66.3	28.1	30.2	2.1	3.5
上海	9.9	2.7	89.6	92.8	0.5	4.5
ソウル	72.2	37.1	24.0	49.9	3.8	13.0
ロンドン	20.6	13.8	65.0	73.0	14.4	13.2
ニューヨーク	26.3	13.2	67.4	82.5	6.3	4.3

中で、日本はパートタイムの形が定着しているので、他の社会と比べ育児期間に母親の在宅している割合が多い。欧米の場合、母親が自己実現していると思う反面、母親不在の時間が長く、日本的な感覚からすると、子どもが充分な保護を受けていないように見える。そして、日本の親子関係は子どもたちにとっては母親がいてくれるのでしあわせな反面、母親自身は子どもの犠牲になった感じがつきまとう。

そうした感慨はともあれ、専業主婦の母親も、大学までの教育費がかさむことを考えると、もうひとり産んでもよいが、経済的に厳しくなるから、出産を控える状況もうかんでくる。

一九九四年に小学生を対象に、将来の生き方についての調査を実施した。結果の中で、女子が「（おとなになったら）専業主婦になるつもり」、男子が「（おとなになったら）専業主婦を妻に迎えたい」と答えた割合は表2の通りである[3]。

このように、日本では専業主婦になるのが当然だと、男子も女子も考えている。それに対し、欧米では女性が仕事を持つのが当たり前という感覚が育っている。なお、結婚してから子どもを産む数についての、子どもたちの反応はニューヨークは子ども三人以上が五三・三％に達したが、上海は一人が七六・一％、東京は二人が五〇・四％、ソウルが五九・三％と子どもたちも親とほぼ同じ数の子を望んでいるのが分かる。

こうとらえていくと、少子化の進展は日本社会の構造そのものに関係しているので、少子化の進行に歯止めをかけるのはそれほど容易でないように考えられる。少なくとも、保育施設や育児休業制などの総合的な対策が望まれよう。

(3)　少子化問題の波及

少子化は子どもの数の減少がもたらす問題なので、少子化の影響は時間差を伴って生じてくる。現在、大学では冬の時代の到来に備えて、大学改革の機運が高まっている。実をいうと、これは第二次ベビーブームの世代が大学進学を迎えた時代、大学は入学者の臨時定員を増やして、いわば水増しの形で財政的な安定期を迎えた。しかし、これからは学生数の減少が続き、単純に計算をすると、入学者が半減する。そして仮に、進学率が多少高まったとしても、廃校に追い込まれる短大などが少なくないと見込まれている。そうした背景から、大学間の生き残りをかけた競争が展開されているのだが、こうした争いの高校版は数年前からの高校改革の動きとなって具体化している。

都立高校が私立高校からの巻き返しを図って学区の枠をゆるめるなどの入試改革を行ったのがその一例であろう。想起してみると、二〇年ほど前に、定員割れをした幼稚園が廃園に追い込まれたことがあったし、出産数の減少から産婦人科から鞍替えする医院が続出した時期があった。そうした少子化ショックが下の年齢層から上の年齢へ上がってきて大学を襲ったのが現在であり、その波はこれから結婚や出産のマーケットに拡大していこう。

これまで、少子化ショックに見舞われた領域では、⑴品質の向上、⑵領域の拡大、⑶他領域への転身、⑷内部のリストラなどの形で対応を図ってきた。離乳食のメーカーが一ランク上のグルメ風の離乳食を作るのが⑴の例になる。それに対し、乳幼児のおしめメーカーが出生率の減少への対応策として高齢者向けのおしめの開発に踏み切るのが⑵となる。さらに、経営難の幼稚園が土地を利用して貸駐車場を作ったり、エステの経営に踏み切るのが⑶に属そう。もちろん、こうした対応がすべてうまくゆくとは限らない。というより、慣れない転身が事態を悪化させる可能性も考えられる。しかし、背水の陣をとらなければならない状況に追い込まれている場合もあろう。

もちろん、少子化はそうした企業レベルの問題でなく、よりマクロには若年労働力人口の減少と非労働高齢人口の増加という社会構造のアンバランスが進むので、社会全体で高齢化社会への対応が必要とされよう。現在では、子どもの問題の底流に常に少子化が関わり合っている。しかし、そうしたマクロな検討は本稿の枠を越えるテーマなので、もう少し、教育の問題に近づけて論を進めることにしよう。

2　子どものきょうだい関係

(1)　一人っ子への評価

少子化の問題を人々の生活レベルでとらえようとした時、子どもにとっては、きょうだい数の減少となって現れてくる。特に一人っ子や二人っ子が普通になるので、子ども自身がきょうだいの少なさをどう感じているのかが大事になる。

子どもたちにきょうだいの数についての意見を聞くと、「今のままでよい」が四二・一%、「もう一人多く」が五〇・一%、「二人以上多く」が二・二%、「今より少なく」が五・六%となる。きょうだいの数は今のままでもよいが、もう一人多い方がよいという反応である。ちなみに、「もう一人多く」と思う気持ちを、きょうだいの人数とクロスさせると、一人っ子＝六三・二%、二人きょうだい＝四七・一%、きょうだいが三人以上＝三五・九%で、さすがに一人っ子がきょうだいを望んでいるのが分かる。

ちなみに、「きょうだいが多くなると、家の中がどう変わるか」について、子どもたちは以下のように答えている。

① 家の中が賑やかになる　七一・三％
② きょうだいだけで遊べる　六二・五％
③ ものを買ってもらえなくなる　二三・五％
④ 親からかわいがられなくなる　二〇・一％

（「とても」「かなり」そう思う割合）

子どもたちは、きょうだいが増えると家の中が賑やかになり、きょうだいどうしで遊べるからよいと、きょうだいの増加を歓迎しているように思える。

一人っ子ときょうだいの多い子とで性格がどう違うのかは、性格心理学などで古くから扱われてきたテーマだが、子どもたちに「きょうだいの多い子」「少ない子」をイメージさせて、その子たちがどういう子どもと思うかを尋ねてみた。

	一人っ子		きょうだいの多い子
① 親に甘えている	六一・五％	・	一八・三％
② 友だちが多い	六二・五％	・	八三・一％
③ しっかりしている	五六・九％	・	七三・三％

④　勉強が得意　　　　　　　　　五四・九％　・　五六・五％
⑤　やる気がある　　　　　　　　五一・六％　・　六七・九％
（「とても」「まあ」そう思う割合）

子どもたちは一人っ子は甘えん坊だが、きょうだいの多い子は友だちが多くしっかりしていると評価している。全体として、子どもたちの間できょうだいの多い子の方が評判がよいような印象を受ける。

なお、「一人っ子ときょうだいの多い子」に対する評価が、きょうだいの数によって、どの程度異なるのかを関連させて分析すると、以下のような数値となる。

①　友だちが多い　　　　　　　**一人っ子**　　　**きょうだいの多い子**
一人っ子からの評価　　　　　七三・五％　　　八三・六％
きょうだいの多い子から　　　六〇・四％　　　八四・一％

②　親に甘えている
一人っ子からの評価　　　　　四三・七％　　　二一・七％
きょうだいの多い子から　　　六三・二％　　　一五・八％
（「とても」「まあ」そう思う割合）

このように、きょうだいの多い子は一人っ子が思っている以上に「一人っ子は友だちが多くなく、親に甘えている」と思っている。

たしかに経験的にも一人っ子はなんとなくわがままで、きょうだいの多い子は人付き合いがよい感じがする。そこで、実際にそうなのか、子どもたちに自己評価を求め、それをきょうだいの数とクロスさせてみた。

	一人っ子	三人きょうだい以上
① 元気がある	六六・九％	六九・七％
② 友だちが多い	五四・八％	五八・七％
③ 自分勝手	四二・七％	三二・五％
④ だらしがない	二八・五％	一九・六％
⑤ 礼儀正しい	二一・三％	一四・四％

（「とても」「まあ」その通りの割合）

この結果によれば、三人以上のきょうだいのいる子どもは、自分を「元気で友だちが多い」と自己評価しているのに対し、一人っ子は「自分勝手かもしれないが礼儀正しい」と考えている。したがって、「一人っ子がわがまま」という評価は、他人がしているだけでなく一人っ子自身もそう感じており、ある程度まで当てはまるように思える。一人っ子は、家に子どもは自分だけなので、我慢をする必要がなく、自己中心的になりやすい。そのかわり、「おっとりしている」や「しつけが行き届いている」などの長所も認められる。

そうして、少子化社会になると、子ども全体が一人っ子に感じが似てくるのかもしれない。

(2) 一人っ子の長短

それでは、母親たちは子どもが多い、あるいは少ないをどう感じているのか。

まず、子どもの数と母親としてのしあわせ感との関連を示すと、以下のようになる。

子どもが一人＝五二・五％　三人　＝六三・五％

二人＝六一・三％　四人以上＝七一・一％

（「とても」「かなり」しあわせの割合）

母親がしあわせな割合が、一人っ子の母が五二・五％なのに、二人の母は六一・三％、三人は六三・五％、四人は七一・一％のように、子どもの数の多い母親の方がしあわせ感を味わっている割合が高い。

このように子どもの数が増えるにしたがって、母親としてのしあわせが増してきているが、それでは、現状の子どもの数に、親たちは満足しているのかを尋ねてみた。（　）内は、子どもが今の人数の理由である。

子どもが一人　＝六八・二％　（「病弱だから」、「生まれなかった」、「仕事が忙しくて」）

子どもが二人　　　＝七三・一％　（「二人で満足」、「経済的に無理」、「体力的に限界」）

子どもが三人以上＝七九・八％　（「今の人数で満足」、「経済的に無理」）

（数値は「（子どもの数に）満足している」割合）

こうした数値を見ていると、一人っ子の親は、病弱や仕事の関係などそれなりの理由があり、その一人の子を大事に育てている。そして、二人の親は、経済や体力面でそれ以上は無理だし、二人で充分と思っている。したがって、子どもの数にはそれなりの背景があるのが分かる。

そこでもう少し踏み込んで、母親たちが子どもの多さや少なさの利点と欠点をどう考えているのかを設問してみた。

	長所	短所
一人っ子の親	①目が届く（六七・五％）	①淋しそう（六五・二％）
	②希望を満たせる（六八・〇％）	②友だち付き合いが苦手（五四・四％）
三人以上の親	①家庭が幸福（七一・三％）	①希望を満たせない（四八・八％）
	②たくましい（四七・四％）	②しつけにくい（四〇・七％）

（（　）内は「そう思う」割合）

一人っ子だと目が行き届くし、子どもの希望をかなえることができる。でも一人だと、きょうだいがいないので淋しそうだし、大きくなってからもきょうだいがいなくてかわいそうだと、一人っ子の母親は思っている。それに対し、たくさんの子どもの母親は家庭が賑やかで楽しいし、子どももたくましい。それだけに心配はないのだが、経済的にも子どもの希望を満たすのが難しい。特に大学まで進学させられないのが心苦しいと答えている。一人っ子の親も、三人の子の親もそれぞれに楽しみと悩みを持っているのが分かる。

(3)　一人っ子の親子関係

子どもの数によって、親の気持ちが異なってくるのを数値で跡づけると、表3のような結果が得られる。一人っ子の親は子どもが一人なので当然というものの、子どもが三人の親より「学校から帰宅が遅れた時」や「熱がでた時」などに子どものことを心配している割合が高い。

すでにふれたように、子どもたちは一人っ子は親に甘えていると思っていた。母親の評価でも、子どもの数が多いほど、子どもの生活がしっ

表3　子どもへの心配×子どもの数

（%）

	1人		2人		3人
学校から帰宅が遅れる	55.8	＞	43.0	＞	40.8
友だちからいじめられた	50.8	＞	42.6	＞	40.8
37度の微熱がでた	20.7	＞	10.1	＞	9.3
夕食の食欲がない	12.2	＞	9.1	＞	5.7

（「とても心配」の割合）

表4　子どもの自立×子どもの数

（%）

	1人		2人		3人
言われなくても宿題をやる	53.9	＜	55.3	＜	60.9
部屋の片付けをする	35.9	＜	38.3	＜	46.2
朝、自分で起きる	34.2	＜	38.5	＜	43.4

（「いつもしている」割合）

表5　人生で得たもの×子どもの数

（%）

	1人		2人		3人
毎日が楽しい	66.7	＜	72.7	＜	74.0
生きがいができた	49.3	＜	54.4	＜	57.7
家族がまとまった	45.7	＜	63.7	＞	61.7
他人にやさしくなった	41.1	＜	44.8	＜	50.0
忍耐強くなった	40.4	＜	53.4	＜	56.9
ストレスが増えた	27.1	＜	34.2	＜	35.3
経済的なゆとりがない	19.7	＜	31.2	＜	41.0
家事に時間をさけない	15.3	＜	21.0	＜	29.4
仕事につけない	15.2	＜	21.0	＜	29.4
精神的なゆとりがない	9.1	＜	12.1	＜	17.6

かりしていると思われているのは、表4の数値の示す通りである。

このようにきょうだいの数によって、子どもの行動様式が異なってくるようだが、母親の意識も子どもの数によって変わってくる。表5は「人生で得たもの」に対する回答を子どもの数にクロスさせたものだが、表が示すように、子どもの数の多い母親は「毎日が楽しい」「生きがいがある」と思える反面、「仕事につけない」「ストレスがたまる」などの悩みを抱えている。子どもが多いことは母親にしあわせと同時に、疲労や悩み

表6　母親のタイプ×子どもの数

（%）

	1人		2人		3人
洗濯が好き	73.3	＞	69.6	＞	65.4
外出が好き	64.5	＞	55.1	＞	49.6
おしゃれ	49.5	＞	36.9	＞	34.3
掃除が好き	44.4	＞	39.0	＞	36.5
料理が好き	41.3	＜	42.5	＜	49.0
夫の世話をする	40.1	＞	38.9	＜	44.0

をもたらしたように思える。

そこで、母親としての自己像を子どもの数に関係させると、表6のような結果が得られている。

このように一人っ子の母親は洗濯や掃除が好きなのに対し、三人の子を持つ母親は料理や夫の世話をよくしているという。こうしたデータが示すように、子どもの数は子どもや親のあり方にさまざまな影響を与えている。

きょうだいが多い中で育つと、子どもは経済的に苦しい面があっても、親の愛情に包まれて育つ。そして、友だちが多く、生活習慣のしっかりとした意欲的な子どもが増える。

それに対し、一人っ子は親の目が行き届き、きちんとしつけを受け、礼儀正しいのかもしれないが、自分勝手でわがままな子どもに育ちやすい。

3　少子化への対応

いずれにせよ、少子化の傾向がこのまま続き、有効な対策を立てないでいると、高齢化社会の中での少子化状況が進行し、日本の将来に暗い影がさし込んでこよう。

もちろん、この問題はこれから先、少子化を深刻に考え、適切な対策を立てれば、歯止めがかかろう。すでに、ヨーロッパではかなり早くから少子化に関心を寄せ、中でもスウェーデンなどの北欧諸国では育児の社会化を図るなどの政策が成功して、一時的にせよ、児童数の増加が見られた。また、シンガポールのように社会全体で三人子優遇政策を掲げて少子化傾向から脱した地域もある。そうした一方、中国のように厳密な一人っ子政策をとって人口の抑制に努めている社会もある。

そうした諸外国に比べ、日本は「産めよ殖やせよ」を国策とした第二次大戦下に対する反省からか、人口問題に対する関心が薄く、少子化にこれといった対策を立てていないのが気になる。

筆者は平成七年から東京都の子育て支援連絡協議会の会長として、東京都の少子化問題に対する対策を検討してきた。そして、少子化問題は政策面での立ち後れから生じていると思うようになった。

特に女性が仕事を持ちながら育児を図ろうとする時、さまざまな条件が立ち後れているのが目につく。とりあえず、

① 育児休業期間を選択的に取得できるようにして、満三歳までに延長する。

② 育児休業期間中を八割（暫定的に六割）支給とする。

③ 休職後、現職に復帰できる制度を整備する。

④ 企業の保育所、駅前保育所、治療保育所等、保育所を多様化する。

⑤ 地域ごとに子どもを預ける人と預かる人とを結び付けるネットワークを作る。

などが実現すれば、それだけでも、育児と仕事とを両立する可能性が増す。

もちろん、子育てが一段落した後で、フルタイムで勤務できる体制を作る。そうした一方、児童手当を増額するなども、少子化に歯止めをかけるために有効な手段であろう。

さらに、現在の子育ては核家族の中で営まれていることが多いので、仮に母親が専業主婦であっても、社会から孤立化しがちで、育児に自信を持ちにくい。それだけに、地域に育児のネットワークが張り巡らされ、人々の絆の中で育児のできる環境作りが望まれよう。

そうした総合的な対策は本書の狙いから外れるので、この程度にとどめるが、もう少し身近

な問題として、少子化が進むことは、どの子どもも一人っ子的になることを意味しよう。

すでにふれたように、三人以上のきょうだいのいる子どもは自分を「元気で友だちが多い」と自己評価しているのに対し、一人っ子は「自分勝手かもしれないが礼儀正しい」と考えていた。

一人っ子は家庭に子どもは自分だけなので、がまんをする必要がなく、自己中心的になりやすい。そのかわり、「おっとりしている」や「しつけが行き届いている」などの長所も認められるのであろう。

そして、少子化社会になると、子ども全体が一人っ子的に育つ感じになる。そうなると、礼儀正しいかもしれないが、自分のことしか考えない子が増えてくる。それだけに、学級作りなどを通して集団的な行動を学習させることが必要になってくるように思う。

この他、少子化をめぐって考えなければならないことが多い。いずれにせよ、これから少子化に歯止めがかかったとしても、当分の間、少子化傾向が続くことに変わりはない。そうなると、数少ない子をいかに健全に育てるかが重要になる。したがって、少子化の傾向の続く実態をふまえ、一人ひとりの子を過保護にすることなく個性的に育てていくのにどうしたらよいかを検討する必要があろう。

参考文献

(1) 全国の小・中学生を持つ母親と子ども（小四、中二）約二〇〇〇組　「少子化に関する調査」青少年健全育成国民会議、一九九三年六月。

(2) 関東地区の小学生を持つ母親二〇〇〇名。一九九四年六月調査、「少子化時代の子育て」『モノグラフ・小学生ナウ』Vol. 15－1、ベネッセ教育研究所、一九九五年五月。

(3) 東京、ソウル、上海、ニューヨーク、ロンドンの小学五年生、五五〇〇名、一九九四年調査、「家族の中の子どもたち」『モノグラフ・小学生ナウ』Vol. 14－4、ベネッセ教育研究所、一九九四年一二月。

(4) その他の参考文献

厚生省「厚生白書」（少子社会を考える）一九九八年。

総務庁「統計で見る日本」一九九九年。

尾崎護・貝塚啓明『人口変動と日本の進路』ダイヤモンド社、一九九五年。

E・ゲルンスハイム、香川檀訳『出生率はなぜ下がったか』勁草書房、一九九二年。

J・N・ビラバン、J・デュパキエ、岡田実訳『出産飢餓』中央大学出版、一九九〇年。

第2節　中高校生は変わったのか

1　中学生の変化

(1)　やさしさ志向の高まり

中学生に「どういうタイプの子と友だちになりたいか」を尋ねたことがある。性別に集計してみると、女子のあげる友だちの条件は、①「やさしくて親切」(三三・九%　一五項目の中から一項目選択)、②「ジョークがうまく話しやすい」(一七・七%)、③「スポーツがうまい」(一四・五%)の通りだった。

たしかに、「親切で話しやすくスポーツが得意」なら友として付き合って楽しい。その反面、「努力をする」(一一・二%)や「まじめ」(八・七%)、「勉強が得意」(三・二%)などの項目は下位にとどまった。誠実で努力型の人気はなく、軽いのりのやさしいタイプが歓迎されている。

中学生たちが楽しそうな軽い感じで友だちと語っているのを見かける。しかし、悩みを話せる友だちを見いだせないという生徒が多い。「軽いのり」と「悩みを話す」とは両立しにくいのであろうか。

それに対し、男子が「友だちになりたい」としてあげる条件は、①ジョークがうまい（二三・八％）、②スポーツが得意（二一・四％）、③親切（一八・三％）で、女子と比べ、ジョークやスポーツの比率が高い。したがって、「やさしさ」を大事にする女子、男子は「ジョーク」好きというのが友だちに対する男女の開きのように思われる。

もっとも、「努力する」（一三・八％）や「まじめ」（一〇・一％）、「勉強が得意」（一・二％）などの項目は、女子の反応と同じように下位に低迷している。したがって、友だちを選ぶ時に、重さを避けて軽さを好むのは女子だけでなく、男子にも共通する態度なのであろう。

なお、同じ項目を使って、「異性の場合、どういうタイプの子と友だちになりたいか」と異性の友だちに望む条件を尋ねてみた。予想通りというべきか、男女ともに、第一位に「やさしくて親切」（男子＝四二・八％、女子＝四八・六％）があがっている。異性に求めるものは、なにより「やさしさ」なのであろう。そして、第二位に「努力する」（男子＝一〇・九％、女子＝一四・五％）、第三位に「スポーツが好き」（九・八％、一一・二％）を求められている。やはり、異性の友だちとなると「ジョーク」（五・〇％、六・八％）を求めずに、「努力」を期待するあたりが興味深い。

それはともあれ、こうしたデータを分析していると、男子と女子の反応が接近しているのが目につく。かつてのように、男子と女子とで数値が大きく異なることは少なくなった。それと同時に、男女ともに、「やさしさ」を求める傾向が強まっている。同性の友はむろん、異性の友に対しても、「やさしさ」を求める態度はどの子どもたちにも共通している。なによりも「やさしさ」の求められる時代であるらしい。

(2)　達成意欲の低下

テレビなどで中高校生の行動が取りあげられる機会が多い。中でも、援助交際などの情報に接していると、「性を売り物にする女子高生」というコピーがうかんでくる。そして、報道番組などで、そうした生徒にマイクがむけられると、生徒が、いかにもそれらしい雰囲気で逸脱した女生徒の役割を演じる。

そうした映像を見ていると、中高校生の性が、おとなたちの予想をはるかに超えて乱れている印象を受ける。しかし、中高校生を対象に、異性との付き合いについての調査を実施してみると、生徒の性がそれほど乱れていないという結果が得られる。中学生で異性と「深く付き合っている」のは三%、高校生で一三%程度にとどまる。たわいもなく、話し合える異性の友だちはいるし、その中に気持ちを打ち明けたい人もいるのだが、そうした気持ちを口に出せない。現代の生徒の中にも、案外内気で、相手を作れないでいる者が多い。

中高校生の先端部分の変化に目をとめると、生徒たちの激しくさまがわりする姿がうかんでくる。それは、いつの時代にもいえることで、少数は常に異端の存在である。問題になるのは、全体を見渡した時、どういう変化が生じているかであろう。

援助交際が社会問題になった時、高校の生徒指導の先生方と、援助交際のとらえ方を話す機会があった。援助交際という言葉は新しいが、そうした行為は昔からあった。問題は交際をしている生徒がどの程度広まっているかだ。今のところ、比率的にそれほど増えていないので、警戒はしているが、それほど、驚いてはいないというのが大方の感想だった。

したがって、現象の変化に一喜一憂する必要はないが、そうはいっても「友だちの条件」でふれたように、中高校生の意識が変化しているのもたしかであろう。それだけに、意識がどう変わってきたのか、変化の動向をとらえる必要があろう。

たまたま一九九五年に、一九八〇年に実施した調査とほぼ同じ項目を使って中高校生の意識を追跡する調査を試みる機会があった。一五年間というと、おとなにとって一昔前のできごとにすぎない。しかし、中学生にとっての一五年前は、生まれる以前の話になる。
第一回目の調査が実際に行われた一九七九年というと、西城秀樹の「Ｙｏｕｎｇ Ｍａｎ」、ツイストの「燃えろいい女」がヒットした年にあたる。テレビでは『三年Ｂ組金八先生』が人気を集めていた。離婚問題を扱った『クレイマー・クレイマー』やベトナム戦争の傷跡を描いた『地獄の黙示録』の公開された年でもある。ちなみに山口百恵が結婚をしたのも一九八〇年である。なお、教育界では一九七九年から国公立大学の共通一次テストが実施されたほか、校内暴力が問題になったのもその頃である。
そうした歳月が流れているだけに、一九八〇年と比べると、一九九五年の結果にいくつかの興味をひく傾向が得られている。その中からいくつかのデータを紹介してみよう。

つきたい仕事

	一九八〇年		九五年		一九八〇年		九五年
裁判官	三一・五％	＞	一八・二％	新聞記者	二三・八％	＞	五・二％
大学教授	二二・三％	＞	九・一％	医師	二一・八％	＞	五・八％
設計士	二四・四％	＞	六・〇％	作曲家	一六・四％	＞	〇・八％

（「つきたいと思う」割合）

このように八〇年代と比べ、九五年の調査結果では、中学生たちが医師や裁判官などに「なりたいと思う」割合が低下している。これは、「なりたくない」のでなく「頑張ってもなれそうにない」と、達成を断念している生徒が多い可能性も暗示している。ちなみに、「普通のサラリーマンにつきたい」は二〇・四%から一八・六%へと、数値がほとんど変わっていない。したがって、多くの中学生たちは普通の仕事はともあれ、難しい職業にはつきにくいと思っている感じになる。ちなみに、「難病を治療する名医になるのはとても無理」と思っている生徒は一九八〇年の四五・〇%から五三・二%へ、そして、「日本を代表する大学教授になるのが無理」も五四・六%から六一・五%へと増加している。

なお、「一流大学の値打ちはこれから上がると思いますか」について、一九八〇年には「上がる」が一二・六%、「下がる」は五二・四%（「かわらない」が三五・〇%）で、半数以上が学歴の値打ちは低下すると予想していた。ところが、九五年の結果では「上がる」が二一・九%、「下がる」が三七・六%（「かわらない」は四〇・五%）である。つまり、八〇年代と比べ、大学の値打ちが「下がる」と思う生徒が一四・八%減り、「上がる」が九・三%増加している。

大学の大衆化時代を迎え、該当年齢の五割弱の若者が大学に進学している。しかも、進学率はこれから先さらに高まる可能性が強いと見込まれている。となると、過半数の人が大学卒になるから、学歴の値打ちが低下するのは避けられそうにない。

そう思うのが常識であろうが、中学生は一流大学への評価が高まると信じている。たしかに、進学者が増加すると、大学卒業後に大学卒らしい仕事につけるかどうかはともあれ、一流大学への入試の難しさは増すと考えられる。つまり、一流大学の効用は低下するにしても、一流大学入学の困難度は高まるのかもしれない。そして医師や裁判官になるのに「一流大学卒」が必要だから、そうした入試の難しい大学に入学できない自分はビッグな目標は達成できそうもない。そう考えて生徒たちの達成意欲が低下するのであろうか。「つきたい」のだが「つけない」と思っている生徒が多いのである。

(3)　親を越えにくい

中学生の社会的な達成意欲が低いのはこれまでふれた通りだが、こうした変化はどういう背景から生じてきたのか。

変化の背景を考える手がかりとして、中学生の家庭生活についての変化を紹介してみよう。

表1は、中学生に「親を越えたと思うか」と尋ねた結果を示している。

表1　親を越えられそうにない

(%)

	父親 80年		父親 95年	母親 80年		母親 95年
頑張る力	34.0	＜	36.3	31.0	＜	37.0
社会常識	49.5	＜	56.3	39.5	＜	44.6
数学の力	25.6	＜	35.4	14.0	＜	22.4
体力	28.4	＜	41.6	5.5	＜	9.7

(「親を越えられそうにない」と思う割合)

この結果をどう解釈するかは微妙なものを含んでいるが、現象的に見ると、八〇年と比べ、九五年の中学生は、父親はむろん母親に対しても「越えにくい」と感じる割合が高まっている。中学生の場合、自分に自信ができてくると、親を越えたように思える。子どもから青年になる過程で、子どもは親を乗り越えて育つといわれてきた。そうした意味からすると、表一の結果は、中学生たちが親を越えにくいと感じている。ということは、中学生たちの精神的な自立が遅れていることを意味しよう。

なお、中学生の八七・六％は「幸せな家庭を作りたい」と願っている。将来に夢を託せないだけに、しあわせな家庭だけは手にしたいと思っているのであろう。そこで、改めて、どんな家庭を作ろうとしているのかを尋ねてみた。以下の数値は、女子には「結婚したら手伝って欲しい」、男子は「手伝うつもり」の割合を示している。

	一九八〇年		九五年
洗濯物を干す	一六・一％	＜	三七・八％
朝食作り	二三・三％	＜	四一・五％
部屋の掃除	三二・三％	＜	五二・一％
夕食の買い物	三六・四％	＜	五八・四％

いずれの項目でも、九五年になると、男子、女子とも「自分たちの家庭は夫と妻とが協力し

あって作る」割合が高まっている。

こうした傾向をつなぎ合わせていくと、この一五年間に、中学生の気持ちが、①社会的な達成意欲が低下している、②親を越えにくい、③性差の少ない家庭を作る形へ変化している。一口でいうなら、「将来に向けて頑張る」中学生から「家庭を大事にする心のやさしい」中学生への変化である。

2 高校生の変化

(1) 進学へのこだわりが減った

これまで、中学生の変化を紹介してきた。一九八〇年と九五年という一五年間の間に中学生の意識はかなり変わっていた。実をいうと、この比較調査に先だって、一九九二年に、高校生を対象として進学意識を中心に時系列を追った調査を行っている。

一九八〇年と九二年との間はわずか一二年で、見方によると、高校生の意識が変化するにしては短すぎる期間のように思われる。

しかし、大学で学生に接していると、新入生を迎える度に学生が幼くなってくる印象を受ける。こちらが年をとったせいと思う反面、若い教師たちも学生の扱いに苦労しているのを見ると、新入生のさまがわりを感じるのは錯覚でないと思う。

そこで、新入生についての感じ方が正しいのかを確かめたくなった。そうした気持ちで始まった比較調査だが、それでは、一九八〇年と比べ、高校生の進学意識はどう変わったのか。大学の志望校選択を例にして、変化を跡づけると以下のようになる。

	一九八〇年		九二年
① 滑り止めの大学に合格したら、入学する	二九・一％	＜	七〇・一％
② 第三志望の補欠合格でも入学する	六〇・一％	＜	七一・九％
③ 希望校に不得意科目があっても受験	二三・三％	＞	一九・一％
④ 地元の国立より東京の有名私立へ	二九・七％	＜	四四・五％

こうした変化をまとめてみると、高校生の進学意識が「なんとしても特定の大学や学科に入ろう」から、「入れそうなところに入ろう」に変わっているのが分かる。一昔前なら、慶応を目指すものは早稲田を受けなかったし、何浪しても、東大か京大かにこだわる学生も少なくなかった。

しかし、先ほどのデータによれば、高校生は、そうしたこだわりを持たずに、入れそうなところに入ろうとする傾向が強まっている。一年後に入れるかどうか分からない大学にこだわるより、現在入ることができる大学に入っておこうという態度である。

高校生たちは、どう頑張っても成績は上がりそうにない。それなら、偏差値の序列の中で自分の成績で入れそうな大学を探して入ろう。無駄な努力はしない方がよいと、傷つくことの少ない人生を歩もうとしている。

このように、高校生は、何がなんでもA大学のB学部というのでなく、自分の学力に応じて、無難な進路を選択しようとしている。

高校生たちの平均的な大学進学意識を要約すると、以下のようになろう。大学が普通教育化して、大学へ行くことにあまり意味があるとは思えない。もちろん、よい大学に入れるのに越したことはないが、駄目なら無理をする必要はない。みんなが進学しているから、大学を卒業していないと遅れをとる。だからとにかくどこかの大学に入学しておこう。「差をつけるというより差をつけられないように」大学に入学し、その先を考えようというのが、現在の進学意識のように思われる。

(2)　社会的な達成の弱さ

しかし、「とにかく入学できそうなところへ入ろう」という高校生たちの態度は進学に限られていないような気持ちがする。

高校生は、大学進学だけでなく、将来の進路にも想いをめぐらす年齢であろう。そこで、生徒たちにいくつかの仕事を提示して、その仕事についてみたいかを尋ねてみた。

その結果を一九八〇年と対比させて示すと表2のようになる。この調査では一九八〇年とほぼ同じランクの進学高校に調査を依頼した。しかし、どうしたことか八〇年代と比べ、九二年の結果では医師や裁判官などに「なりたい」と思う割合が低下している。生徒たちも、心の内ではやりがいのある仕事につきたいと思っているのであろう。しかし何故か社会的な達成を断念している生徒が多い。

ちなみに、「普通のサラリーマン」は一九八〇年の二〇・四%から九二年の一八・六%、また、公務員も二一・九%から二二・六%へと、数値がほとんど変わっていない。

したがって、すでにふれた中学生と同じように、高校生たちも、難しい職業にはつきにくいと思っている。端的にいって高

表2　職業面での達成の時系列の変化（高校生）

（%）

	1998年		92年
裁判官	31.5	＞	18.2
新聞記者	23.8	＞	5.2
大学教授	26.1	＞	6.1
医師	21.8	＞	5.8
設計士	24.4	＞	6.0
作曲家	16.4	＞	0.8

（「つきたいと思う」割合）

校生の社会的な達成意欲が低下している印象が強い。

(3)　家庭志向の高まり

このように、高校生たちも、中学生と同じように、社会的な達成を断念する傾向が強まっているが、それでは、高校生の意識は家庭などの領域ではどう変わっているのか。一九八〇年との比較を試みてみよう。

自分たちが「将来結婚するとしたら、どんな家庭を作りたいのか」。家庭内での役割についての変化は以下の通りである。

	一九八〇年		九二年
朝食作り	七三・一%	＞	三八・一%
洗濯物を干す	七〇・七%	＞	三八・二%
夕食後の茶碗洗い	五九・七%	＞	二八・四%
夕食作り	五五・八%	＞	二六・九%
風呂の掃除	二七・三%	＞	一六・〇%

（「（将来の家庭で）妻が全部すると思う」割合）

一九八〇年の頃、「朝食作りは妻がする」と七三・一%の生徒が思っていた、しかし、九二

表３　将来の家事分担×性差

（％）

		1980年	92年
朝食作り	男子	82.6	37.5
	女子	58.7	38.9
洗濯物を干す	男子	83.8	37.8
	女子	56.2	38.7
夕食後の茶碗洗い	男子	73.2	29.1
	女子	44.7	27.5

（「妻が全部する」割合）

年になると、そう考える生徒は三八・一％と、ほぼ半減している。その他の項目についても、高校生の間に「家事は妻がするもの」という意識が薄れている。

　もっとも、こうした意識には男女差があり、女子は男子の家事参加を望むのであろうが、男子はあまりそう思わないことも考えられる。そこで、この結果を男女別に集計すると表３のようになる。

　この結果で興味深いのは、八〇年の場合、男子と女子との間に意識のずれが認められる。具体的には、男子は「ボク、食べる人」と思っているのに、女子で、男子にそう思う割合ははるかに低い。

		男子	女子	男子―女子
朝食作り	八〇年	八二・六％	五八・七％	二三・九％
	九二年	三七・五％	三八・九％	－一・四％

しかし、九二年になると、性差はほとんど認められない。というより、「妻が朝食を作る」と思う割合は、ごくわずかだが、

女子の方が高い。やや極論するなら、男子は妻が朝食を作ってくれるのを期待していないが、妻は朝食を作るつもりでいるということになる。

　このほか、八〇年と九二年との家庭についての意識の違いを紹介すると、以下のようになる。

	一九八〇年		九二年
結婚後は夫の姓を名乗る	五六・〇%	＞	三六・五%
夫は弁当を持参させる（持参する）	三三・七%	＞	二〇・一%
妻は専業主婦がよい	三〇・四%	＞	一六・九%
親とは別居したい	二三・七%	＜	三三・〇%
妻が発熱したら休む（休んでもらう）	二〇・一%	＜	二七・一%
夫も家事をかなり手伝う	三・三%	＜	一六・三%

（「きっとそうすると思う」割合）

　このように、高校生の意識から、「妻が家庭を守り、夫が外で働く」という性差に対応して役割が分化する意識が急速に薄れている。それに代わって、妻も働き、夫も家事を担う「夫と妻とで家庭を作る」性差の弱まった共生型の家庭への傾斜が定着している。

　これらの結果が示すように、八〇年代の男子は自分たちの作る将来の家庭では「妻が家事を全部する」と考えていた。そして、女子高校生も「結婚をしたら家事を自分だけでやる」と思っている割合が高かった。しかし、一九九二年になると、女子はむろん男子も妻が「家事を全部する」と思う生徒が激減し、夫も妻も家事をする家庭を作ろうとしている。その結果、八〇年代には男子と女子との反応に大きな開きが認められたのに、九二年になると、将来の家事分担に男女差はほとんど認められなくなった。

ここ十年来、男女の機会均等法の実施などを契機にして、性差の意味を見直す動きが強まっている。社会的に作られた性差（ジェンダー）を生まれつきの性差（セックス）から分けて、ジェンダーから解き放たれた社会を作ろうという「ジェンダー・フリー」の考え方もかなりポピュラーになった。したがって、中学生たちが「夫が外で働き、妻が家庭内の切り盛りをする」というような性的な役割分担意識を弱めて、伝統的な家庭と異なる形の生き方を志向するのは当然のように思われる。

もっとも、こうした性差の解消について、①男子と女子の考え方が歩み寄ったのか、それとも、②女子が男子に近づいた、あるいは、③男子が女子に近づいたの三通りが考えられる。そして、すでにふれたような「社会的な達成を断念して家庭志向を強める」傾向を視野におくと、三通りの中では②の「女子が伝統的な女性規範から脱した」のもたしかだが、全体としては、③の「男子がこだわりをすてて、女性的な役割からの脱皮を自然に受け入れるようになった」が目につく。

実際にこの十年くらいの中高校生の変化を跡づけてみると、全体として男女ともに「やさしさ」を求める態度が強まる中で、男子がやさしさを増す反面、女子が元気になった印象を強く受ける。

そこで、こうした意識をもう少し深めようと、二つの対になる考え方を示す形で、仕事についての考え方がどう変化しているのかを尋ねてみた。

「夜遅くまで働き儲かる仕事」(a)か「きちんと帰宅できるがあまり儲からない仕事」(b)かについて、一九八〇年には(a)が五八・七%を占めた。夜遅くまで頑張って稼ごうという感覚である。それに対し、九二年の結果では、(a)は三〇・三%にとどまった。稼ぎよりマイホーム志向が強まっている。しかも、(b)の「きちんと帰宅」を望むのは女子だけと思いがちだが、男子＝六四・〇%、女子＝七七・〇%のように、男子の六割以上が「きちんとした帰宅」を望んでいる。

このように、高校生たちは豊かでなくてもマイライフをきちんと持てる生活にあこがれている。高校生のこうした考え方に、マイライフを築くためにも、頑張って働くことが必要になる。マイホームが簡単に手にできると思うのは、豊かな社会に生まれ、貧しさを知らない世代の反応だ。人生はそう甘くはないといいたくなる。

それはさておき、もう一つの結果を紹介すると、「責任のある仕事で休めない」(a)と「休みやすいが責任のない仕事」(b)については、一九八〇年に(b)が三一・八％にとどまった。責任のある仕事につきたい高校生が多い。しかし、九二年になると、(b)を選択する生徒は七六・六％に達した。つまり、「責任のある仕事」より「休みをとれる仕事」の方を四分の三の生徒が選択している。

このように高校生たちの間で仕事をほどほどにして自分の生活を大事にしたいという生き方が広く浸透している。

つまり、「無理をしないで、ほどほどに」は大学進学の時だけでなく、高校生たちの人生設計そのものを特徴づけるものと考えられる。

(4) 挫折でない家庭志向を

これまでふれてきた「社会的な達成」と「家庭内での性差」とは本来、それぞれ社会的な文脈を異にしている。社会的な達成を性差に関係なく目指すというのが、一例であろう。しかし、現代の中高生の意識は「社会的な達成を断念して家庭志向をしている」ように思われてくる。

現代の子どもたちは家庭の中に安住しながら成長してきている。その子どもたちが、そうした延長線上に親と同じような「心地のよい家庭」を夫と妻とで協力して作ろうとしている。

現代の中高校生の親たちは、団塊世代後の育ちらしく、伝統的な家族的な感覚から解き放たれ、夫と妻との性差が少なく、二人三脚の形で子育てを行っている。父親にやさしさが加わり、母親がしっかりしてきて夫と妻との同質化が進んでいる。そして子どもたちもそうした親をモデルとして男女が力を合わせた家庭的な生き方をしようとしている。

「社会的な達成よりも家庭などの私生活を大事に生きていきたい」という中高校生たちの気持ちを積極的に評価するなら、仕事中心に生きてきたこれまでのおとな世代と比べ、自分の暮らしを大事に生きようとしているともいえよう。欧米に行くと、マイペースで生きている人たちに出会う。それと同じように、生徒たちの考え方を、新しい価値を身につけた世代と理解できなくもない。

そこで問題になるのは、中高校生の「社会的な達成より家庭生活を」という思考が積極的な自信に裏打ちされたものなのかどうかであろう。仮に、中学生の選択が自信に裏づけられているものなら、中学生が、これまでの世代と異なった生き方を望んでいると積極的に評価できる。しかし、一流大学に入学できそうもないから、社会的な達成を断念したのだとすると、家庭への傾斜は挫折の傷跡といえなくもない。「挫折」が誇張にすぎるにしても、社会的な達成が困難だからと、よりやさしい道として、中高校生が家庭志向をしたのだとしたら、それは困難からの「逃避」あるいは「回避」である。それでは、中高校生が家庭へと追い込まれたのであって、自主的な選択といいにくい気持ちがする。

考えてみると、世の中に向かって反発するのがかつての中高校生らしさだった。社会的に反抗するなど「怒れる若者たち」というのがその象徴となる。また、おとなのみにくさや汚さを生理的に拒否し、潔癖なまでに純粋さを守るのも若者の持つもう一つの側面だった。

しかし、現代の中高校生からは反発や反抗、潔癖さなどが消えて、ものわかりがよく素直な中高校生が育っている。そうした生徒の底流に家庭志向の態度が認められるのは先にふれた通りである。

そうした「挫折感を伴った素直さ」、あるいは「逃避の心情に裏打ちされたやさしさ」を若者らしさといえるのか。中学生たちの逃避や挫折の心の動きに人生に疲れた高齢者の反応に近いものを感じる。若者が若者らしさを失った。換言するなら、若者らしい若者が姿を消した。高学歴などを望まなくてもよい。どんな生き方でもいいから、「もっと自信を持ってわが道を歩め」と中高校生たちを励ましたくなる。

中高校生たちは、何よりも自分の世界を大事に考え、自分を基準に生きていこうとしている。ただ、自己を大事にといっても、「自己志向的」と「自己中心的」とは異なる。自己を忠実に志向しようとするなら、何よりも、自分のしたことに責任をとる厳しさが求められよう。それと同時に、自分を生かすために他人の生き方を尊重する態度も必要であろう。それに対し、自己中心的とは自分本意で他人のことを無視している上に、自分のしたことに責任をとらない身勝手さをも意味している。

そこで問題になるのが、中高校生学生たちの自己への傾斜が「自己志向的」なのか、それとも「自己中心的」なのかの識別であろう。仮に生徒の実態が後者だとするなら、それは経済的な豊かさや親たちの献身の上にあぐらをかいた道楽息子や娘の身勝手さで、中高校生が幼児のようにわがままをいっているのに他ならない。しかし、生徒の間に、前者的な自己への厳しさが感じられるなら、「自己志向的」に新しい世代の息吹を感じることができよう。

正直にいって、生徒たちの現状は「自己中心的」が圧倒的で、「自己志向的」にはほど遠いものがあろう。しかし、これからの社会では、日本に限らず、世界的に人権意識が強まり、伝統的な価値からの解放が進むと考えられる。したがって、自己を捨てて社会のためにという「社会志向的」な生き方が弱まる一方で、自己を大事にする生き方が主流になると予想されよう。そうだとするなら、自己への傾斜は世の中の流れと受けとめつつ、生徒たちを「自己中心的」でなく、「自己志向的」に育て上げることが重要となる。といって、知識として生き方を教えるのは無意味であろう。それだけに、自分の行動に責任を持てると同時に、他人も尊重する自己志向的な価値観をいかに生徒たちに植えつけるか。そうした人間性を育てることがこれからの教育の重要課題になろう。

参考文献

「中学生が変わったか」『モノグラフ・中学生の世界』ベネッセ教育研究所、一九九五年。

第3節　放課後の子どもたち

1　学習塾通いする子ども

(1)　塾通い現象の定着

東京近郊の小学高学年生を対象として、学習塾通いについての調査を試みた。このサンプルの場合、通塾者は四九・九%、「通っていたがやめた」が一一・四%で、「(学習塾に)通っていない」者は三八・七%にとどまる。しかも、「塾に行っていない」子の中でも、「いずれ塾に行くつもり」が一五・七%に達するので、全体の動向は以下の通りとなる。

通　塾　者　　四九・九%(進学塾一六・七%、補習塾一〇・二%、混合型二三・〇%)
やめた者　　一一・四%(「いずれ、また行く」が九・三%)

行っていない　　三八・七％（「いずれ行く予定」が一五・七％）

したがって、通塾者は四九・九％にすぎないが、「いずれ、塾に通う」という通塾予定者が二五・〇％を占める。そうなると、「現在も将来も塾に行く気がない」非通塾者は二五・一％となる。

そして、塾通いしている子どもの平均的な生活を追うと、

①　日数　　　　＝週に一日が一一・五％、二日は三四・一％、三日＝二九・四％、四日以上＝二五・〇％で、平均通塾日は二・四日

②　塾へ行く時刻　＝平均四時五五分

③　塾から帰る時刻＝平均七時一三分

である。

このようにほぼ半数の子どもが週に二、三日、夕方の五時頃から七時過ぎにかけて、塾に通っている。もちろん、この他に英語のスクールやスポーツのクラブ、音楽などの稽古ごとに通っている子が三二・一％に達しているので、大半の子どもたちが、帰宅後家を留守にして塾や稽古ごとに通っている計算になる。

もちろん、限定したサンプルを対象にした調査の結果にはサンプルの偏りがありうるので、安易な一般化は避けたい。特にこの調査は大都市の子どもを調査対象にしているので、通塾率が高まって出る可能性が強い。

塾通いについては、文部省が三回にわたって全国調査を実施している。その結果を一応、確認しておこう。

	昭和五一年	六〇年	平成五年
小学四年	一二%	一五%	二四%
五年	一九%	二一%	三一%
六年	二六%	三〇%	四二%
中学一年	三八%	四二%	五三%
二年	三九%	四五%	五九%
三年	三七%	四七%	六七%

昭和四〇年後半から「乱塾時代」と呼ばれるような塾通い傾向が強まった。そして、現在、いじめや不登校に関心が集まっているように、塾通いに歯止めをかけることが教育界の課題になっていた。文部省が塾通いの調査をしたのもそうした動きを反映したものだが、文部省調査に続いて、各県でも実態調査が試みられ、塾通いを抑止するために熱心な論議が交わされている。しかし、有効な対策を立てられないままに時間が経過した。

そして、昭和六〇年に実施された二回目の調査の時も、塾通いが子どもの心身ともの成長を疎外するとの指摘がなされ、文部省に塾問題を検討するための協力者会議が設置されている。

しかし、そうした検討も効果が上がらないままに、塾通いがさらに強まったのは三回目の調査結果が示す通りである。

詳しいデータの引用は避けるが、文部省調査に現れている過去二〇年間の塾通いの傾向は、

① 塾通いの全国化＝それまで大都市中心であったものが山村部まで浸透した。

② 塾通いの低学年化＝中学生や小学六年生位からの塾通いから小学三、四年生と、塾に通い始める学年が低下してきている。

③ 学習塾の公教育化＝かつての学習塾は寺子屋風の小規模なものであった。しかし、現在の塾は大規模化すると同時に組織化が進んだ。そして、塾そのものが第二の学校としての市民権を獲得し始めている。

のように要約できよう。

(2) 塾通いの効果

それでは、子どもたちはどうして塾へ通うのか。子どもたちに塾へ通い始めた理由を尋ねてみた。①「勉強ができるように」六六・七％（「とても」＋「わりと」そうの割合）、②「将来役に立つ」五八・九％、③「親に言われて」四一・七％が三位までを占めた理由だった。

仲間の半数近くが塾通いしているから、ことさら特別な理由はなく、「友だちが行っている

からなんとなく」通い始めた子どもも少なくないのであろう。学校が終わり帰宅してから、学習塾に通うのだから気が重いのではと思う。しかし、子どもたちの反応は、

とても楽しい三六・六%　かなり楽しい三九・九%　計七六・五%
あまり楽しくない一七・九%　全然楽しくない五・六%　計二三・五%

の通りで、四分の三の子どもたちが「塾は楽しい」と答えている。なお、学業成績別の結果でも

成績	とても	+	かなり	=	小計
上位	四一・五%	+	三九・三%	=	八〇・八%
中位	三五・三%	+	四〇・八%	=	七六・一%
下位	二六・七%	+	三六・七%	=	六三・四%

と、成績が下位の子どもでも「塾は楽しい」と答える割合が六割を超える。

したがって、データを信じるなら、子どもたちは塾通いを嫌がっていることはなく、むしろ、塾へ行くのを楽しみにしているように見える。そうだとするなら、子どもたちは嫌がりながら塾通いしているのではない。それだけに、子どもが「嫌がる」を理由として、塾通いの弊害を指摘するのは的外れのように思われてくる。

そこで、塾に通っている子どもたちに通塾の功罪を質問してみた（表1）。

「とても」に着目すると、「成績が上がった」とまではいえないが、「勉強の仕方が分かり」、

「友だちもできた」。そして、「寝る時間が減った」ことはないが、「友だちと遊べなくなった」感じがするというのが塾通いについての子どもたちの平均的な評価である。

したがって、学習塾へ通ったからといって、成績がぐんとよくなることはないと思う。そして、友だちと遊ぶ時間が減るのもたしかであろう。しかし、塾へ行けば勉強の仕方も分かるし、新しい友だちもできる。それに、勉強も楽しそう。だから塾通いも楽しいというのが子どもたちの平均的な心の内なのであろう。

2 学習塾への調査

(1) 学校との比較

これまでふれてきたように、少なくとも、子どもたちは塾通いをあまり否定的にとらえていない。というより、むしろ楽し

表1 塾通いの功罪

(%)

	項目	とても	かなり	あまり	全然
効果	勉強の仕方が分かった	38.9	39.9	14.0	7.2
	友が増えた	36.1	32.3	22.0	9.6
	勉強のやる気がでた	26.9	36.7	27.4	9.0
	成績が上がった	23.3	39.2	28.1	9.4
失ったもの	友と遊べない	27.1	27.5	28.2	17.2
	寝る時間が減った	17.2	13.3	19.4	50.1
	夕食の時間がない	10.2	12.9	31.2	45.7
	家族と話す時間が減る	8.3	9.1	32.5	50.1

表２　学校の授業と塾の授業

（％）

		とても	＋　かなり	小　計
授業が分かりやすい	学校	28.8	45.3	74.1
	塾	44.3	35.1	79.4
授業が楽しい	学校	22.7	29.9	52.6
	塾	33.2	26.6	59.8
宿題が多い	学校	8.8	18.9	27.7
	塾	22.7	21.9	44.6
テストをよくする	学校	7.8	22.6	30.4
	塾	15.8	17.3	34.1
授業で退屈しない	学校	7.6	18.2	25.8
	塾	13.8	16.2	30.0
予習をしないとついていけない	学校	5.4	15.2	20.6
	塾	10.7	15.6	26.3

（「とてもそう」の割合）

い感じで塾通いしているような印象を受ける。

塾に通っている子どもに学校と塾との楽しさの比較を求めた。「とても」に「かなり」を加えた場合、学校の楽しさは八三・六％（「とても」は三九・二％）で、塾の楽しさは七六・八％（「とても」は三六・六％）であった。さすがに、学校の方が楽しいが、その差は六・八％でそれほどの開きを示していない。

そこで、もう少し詳しく、学校と塾との比較を試みた結果が表２の通りである。

表中の六項目のすべてにわたって、子どもたちは、学校より学習塾に対して高い評価を与えている。念の為に、差の大きさに着目すると以下のようになる。

①　宿題が多い　　一六・九％
②　授業が楽しい　　七・二％
③　予習が必要　　五・七％

表3　塾の教師・学校の教師

（%）

	塾	学校	差
教え方がうまい	50.7	33.9	16.8
幅の広い知識	43.7	23.3	20.4
ユーモアがある	39.7	35.9	3.8
尊敬できる	37.2	28.6	8.6
子どもに人気	30.8	29.1	1.7
遊んでくれる	16.7	22.0	－5.3
悩みの相談したい	11.8	12.6	－0.8

（「とてもそう」の割合）

④　授業が分かる　五・三％
⑤　退屈しない　四・二％
⑥　テストをする　三・七％

学習塾と学校との差は大きいとはいえない。しかし、子どもたちは、塾の方が「宿題が多く」、「予習が必要」だが、塾の「授業が楽しく」、「授業が分かりやすい」と感じている。

実をいうと、学習塾に関連した調査は過去に何回か試みている。そして、どの結果でも、子どもたちが学校の授業より学習塾の授業に軍配を上げることは共通していた。たしかに、学習塾の勉強は教材全体を扱うのでなく、受験に焦点をしぼって、あるいは学習しにくく、つまずきやすい教材を重点的に授業を展開していく。そうした実情から、学校関係者の「塾がおいしいところをとっていく」という声を耳にすることが多い。しかし、子どもたちの評価を耳にすると、塾を批判するだけでは問題の本質に迫れない気がしてくる。

そこで、教師について、学校と塾とで評価がどの程度異な

表4　学校と塾との比較

(%)

	進学塾		補習塾		非通塾
授業の分かりやすさ	64.3	＞	50.3	＞	25.4
教え方のうまさ	61.8	＞	40.6	＞	17.9
先生の熱心さ	55.9	＞	50.6	＞	19.2
授業の楽しさ	42.9	＞	40.4	＞	8.8
通塾の楽しさ	42.5	＞	35.7	＞	15.1
友と話す楽しさ	25.0	＞	21.7	＞	5.1

(「学校より塾の方」と思う割合)

るのかを示すと、表3のようになる。

つきつめていえば、子どもたちは、学習塾の先生について、学校の先生より、「幅の広い知識を持ち」、「教え方がうまく」、「尊敬できる」と感じている。そして、表2と表3とを重ね合わせてみると、「宿題が多いかもしれないが、教え方がうまく、幅の広い知識を持った先生がいる」場が、学習塾だということになる。

調査を開始する前、「塾の方が教え方がうまい」という結果が得られるのは予想していた。しかし、子どもたちは「幅の広い知識は学校の先生の方がすぐれている」と答えると信じていた。それだけに、塾の先生の方を信じるという表3の結果に衝撃を覚えた。

念には念を入れるという感じでもうひとつのデータを紹介しておこう。これは、子どもたちを①塾へ行っていない子、②進学塾へ行っている子、③補習塾へ行っている子に分け、いくつかの項目について、学校と塾のどちらかに軍配をあげるかを尋ねた結果である（前ページ表4）。

まず、学習塾に行っているか、そして、どんな塾なのかによって学校や塾に対する評価が異なるのが興味深い。授業の分かりやすさについて、進学塾在籍者の六四・三％が「塾の方が分かりやすい」と答えている。そして、補習塾の在籍者も五〇・三％が塾に軍配をあげているが、非通塾者で塾を支持する子どもは二五・四％にとどまる。

こう見てくると、塾にもっとも好意的で、学校に批判的なのは進学塾の在籍者、次いで、補習塾在籍者である。そして、非通塾者は塾に行っていないだけに塾に批判的で、学校を高く評価している。属性によるそうした評価の開きが認められるものの、全体として見ると、子どもたちの間で「教え方がうまく、授業が分かりやすいのが塾」で、「友がいて、楽しいのが学校」という見方が定着している。

(2)　中学生の塾通い

これまでふれてきたように、子どもたちは学習塾に好意的な感じを抱いている。しかし、小学生の場合、私立中学や国立大附属校を受験する子を除くと、とりあえず、受験は少し先の話だから、のんびり学習することができる。それと比べ、中学生にとっての塾は高校進学の力強いサポーターであって欲しいから、評価が厳しくなるように思われる。

そこで、中学生を対象とした学習塾通いの調査結果から、塾通いの状況をもう少し追跡してみることにしたい。実をいうと、中学生調査は小学生調査より一年前に実施された。具体的にいうと、中学生調査は平成六年七月、そして、小学生調査は平成七年七月に行われた。

そして、小学生調査についてこれまでふれてきた傾向は中学生調査にさらに色濃く現れている。そこで、小学生との違いに着目しながら、中学生の塾通いの状況を概観することにしたい。

中学生の場合、小学生と比べ、学習塾の持つ意味が大きくなる。

	小学生	中学生
塾に通う日数	二・四日	二・九日
家を出る時刻	四時五五分	六時三八分
帰宅時刻	七時一三分	九時四二分
家を空ける時間	二時間一八分	三時間四分

中学生になると、部活動が始まるので帰宅時間が遅くなる。そして、帰宅後一休みをしてすぐに塾に出かけ、帰宅するのが夜の一〇時近くになる。小学生なら少し遅くはなるが、家での夕食は可能だ。しかし、中学生はどこで夕食をとるのか。家を出る前に軽く食べ、塾帰りにコンビニなどへ寄ってスナック菓子を食べ、帰宅してから遅めに夕食という生活のスタイルをとる生徒が多い。

中学生になると塾での学習の中心は数学と英語になる。そこで、小学生の場合と同じように、学校の授業と塾の授業との比較を試みてみよう。

	塾		学校	差
分かりやすい	三六・一%	＞	一九・八%	一六・三%
学力がつきそう	三一・四%	＞	一〇・三%	二一・一%
宿題がたくさん	二六・二%	＞	九・一%	一七・一%
時間が早く過ぎる	二四・八%	＞	九・一%	一五・七%

（「とてもあてはまる」の割合）

小学生の場合以上に、生徒たちは学校の授業より塾の方が「分かりやすく、力がつく」と答えている。また、学校と塾の教師についての比較でも（表5）、塾の先生の方が学校の先生より、「幅の広い知識を持ち」、「教え方がうまく」、「尊敬できる」という評価が強まっている。

表5中の「差」は、それぞれの項目について、「塾の先生に対する評価から学校の先生への評価を引いた差」を示している。そして、「差Ⓐ」は同じように算出した「中学生の評価の差」から「小学生の差」を引いた数値である。したがって、「差Ⓐ」の数値が大きいことは、「中学生の方が小学生より、塾の先生への評価が高い」ことを意味する。その「差Ⓐ」の欄が示すように、「ユーモアがあり」「人気もある」などすべての項目で、小学生より中学生の方が塾の先生を高く評価している。

このように、中学生になると、小学生以上に学習塾を高く評価する態度がはっきりとしてくる。ということは、小学生から中学生になるにつれて、学習塾は信頼できるという気持ちが強まってくるのであろうか。

3　通塾現象の問題点

(1)　学習機関としての塾

学習塾についてのこれまでの調査結果を参照すると、いくつかの傾向がはっきりしてくる。

① 塾へ行くのは楽しい
② 学習塾の教え方は学校よりうまい
③ 塾の先生は学校の先生より尊敬できる
④ 放課後の時間を拘束されている

表５　塾の教師・学校の教師（中学生）

(%)

	塾	学校	差	小学生	差 (A)
教え方がうまい	46.2	24.2	22.0	16.8	5.2
幅の広い知識	46.9	17.7	29.2	20.4	8.8
ユーモアがある	39.6	22.4	17.2	3.8	13.4
尊敬できる	31.1	15.4	15.7	8.6	7.1
子どもに人気	25.1	8.2	16.9	1.7	15.2
悩み相談したい	9.8	2.6	7.2	− 0.8	8.0

(「とてもそう」の割合　差(A)＝中学生の差－小学生の差)

そうした傾向を視野に置きながら、塾通い現象の問題点を考えてみよう。

先に紹介した結果の中で注目したいのは、多くの子どもたちが学校の授業より学習塾の授業の方が楽しく力がつくと評価している事実だった。学校より塾の勉強の方が充実しているというこうした結果に、どういう感想を抱くのだろうか。学校の関係者の話を聞くと、「塾は算数や国語のように特定の教科の特定の教材を中心に教えている。それに、生徒指導などの責任を負わないでいいから気分的に楽だ。それと比べ学校は子どもの行動のすべてに責任を持つ必要があるし、教科的にも全領域を教える責務を負っている。学習塾はおいしいところをとっていて、学校は貧乏くじを引いている」という声が多い。

たしかに、学習塾は面倒なことを学校にまかせ、自由に好きな部分を切りとって商売をしている感じがする時もある。具体例をあげるなら、共通教育を学校にまかせ、塾では思いきって扱う教材をしぼって学力別編成を組む。また、学習要領の基準に従った授業は学校の仕事で、塾では進学や補習を目的とした内容に授業を限定することもできる。

中学生を対象にした調査によれば、通塾にあたって、「服装の規定がない」が八九・六%、「持ち物規制がない」が八五・〇%に達する。当たり前のことだが、学習塾には何を着ていっても、何を持っていってもよい。中学が校則でいろいろ規制しているだけに、学習塾に自由な印象を持つ。

たしかに、学習塾は私企業なので学校のような法的な規制の対象にならない。それだけに、生徒は顧客で、親も含めての顧客の意向は重要視される。実際に授業はむろん、校舎や雰囲気に不満があると子どもがすぐに退塾してしまう。したがって、学力をつけることが最優先され、特別のことがなければ、服装などの規制はしない。そして、毎日が勝負という感じで、それだけに経営者も教師も背水の陣で臨んでいる。その結果、一昔前と比べ、学習塾は教材も充実し、教師の質もよくなっている。学校と比べ、学習塾の評価のよさはそうした努力の賜物のように思われる。

そうした塾と比べ、学校は公立校はむろんだが、私立学校でも公教育に属しているので、制度的に保証されている。公立学校の場合、公的な税で学校がまかなわれているのはたしかだが、欧米のように納税者意識がそれほど強くないので、学校は保護された状況下にある。しかし、学校のそうした状況については次章でふれることにして、ここでは、子どもたちが学習塾を信頼している事実だけを指摘しておきたい。

もちろん、教育機関として学習塾をとらえた時、いろいろ注文したいこともある。たしかに、これくらいに学習塾が子どもや生徒の成長に関連してくると、教育機関として子どもの成長に責任を持つ必要が生まれてくる。

平成九年に文部省からの依頼を受けて学習塾についての調査を行った。その中で、数名の塾長から塾経営の話を聞くことができた。学習塾は法的な規制がないので、自分の責任で思いきった教育ができる。福岡の大手A塾では進学を重視する現実策をとりながら、ボランティア活動や自然体験の充実に塾長は夢を託していた。福島のB塾では一学級一五人制の小人数教育をかたくなに守っていた。そのかわり、模擬試験などで収益をあげようとしていた。神戸のC塾は会員数一万人を超える大手進学塾だが、ベトナムや北京に分校を作り、国際人の養成を計画していた。そうした目につく計画は別にして、授業を見せてもらっても、教師の熱意が感じられ、学校としてかなりのレベルに達しているのが分かった。

もちろん、すべての塾がこれほど充実しているとは思わない。しかし、手を抜くと生徒数が減り、廃校の危機が迫る。そうした緊張感が塾の活性化に連なっているのを感じた。

(2) 塾通いのもたらすもの

したがって、学習塾そのものが問題というのではないが、塾通いが子どもの生活を崩しているのが気になる。もちろん、子どもの生活といってもさまざまな側面が考えられるが、問題を三点にしぼろう。

① 生活のリズムが崩れる

小学生と中学生とでは塾が生活の中に占める比重が異なるが、いずれにせよ、通塾は帰宅後、外へ出ることを意味しよう。家でのんびりしたり、テレビを見ている時間に外へ行って勉強をする。小学生の場合は夕食が遅れがちになるし、中学生は落ち着いて夕食の時間をとれない。一〇時近くに帰宅した中学生が遅い夕食をとり、ちょっとのんびりして、入浴をする。気がつくと時計が一二時を回っている。そうした生活を送っていれば、食事や睡眠のリズムが崩れ、体調が悪化してこよう。

実際に、中学生の体調を通塾回数とクロスさせると、以下のような傾向が得られている。

	通塾していない	一、二回	三回	四回以上
朝起きにくい	二一・二%	二五・三%	二八・三%	四一・二%
食欲がない	一〇・三%	八・九%	一三・一%	一六・七%
肩がこり易い	八・九%	一〇・二%	一六・五%	二二・三%

したがって、塾通いが体調の悪さをもたらすとはいえないにせよ、通塾が週に三回を超えると、「朝起きにくい」などの疲労感が増す。

②　群れ遊びの時を持てない

塾通いしている子どもの体調の悪さも問題になるが、それ以上に、塾通いが放課後の子どもの生活を分断しているのが気になる。

小学校調査を依頼した学校の中から五学級に依頼して、曜日時間帯ごとに子どもたちの拘束率（塾や稽古ごとに通い、身柄を拘束されている割合）を確かめてみた。一例をあげてみよう。

月曜　五時　三七・八％から五六・二％まで。平均して四一・三％

水曜　六時　二八・二％から六二・四％まで。平均して四七・〇％

土曜　四時　三一・九％から五五・二％まで。平均して三九・一％

月曜から土曜まで帰宅後から六時過ぎまで、誰かが塾や稽古ごとに拘束されていて、学級の全員が集まれる時間帯はまったくない。自分が暇なときは友だちは塾へ行っていて不在だが、友だちが帰る頃自分は塾へというように、友だちと時間がすれ違う。その結果、放課後の子どもは塾か稽古ごとへ行っている子どもか、家の中で一人きりでテレビを見たり、マンガを読んだりする子どもかに分かれる。

実をいうと、塾や稽古ごとによって、時間が分断される状況は小学高学年だけの問題でない。幼稚園や小学低学年の子も、いくつもの稽古ごとに通う生活を送っているので、友だち不在の状況は幼児から始まっている。

いずれにせよ、塾通いが全国的に進んでいるので、放課後の子どもたちが分断されている状況は大都市や山村という地域差を超えて進行している。つきつめていえば、現在の子どもは友だちと群れて遊んだ経験を持つことなしに成長している。

③　友だちを持たない成長のスタイル

群れ遊びを持たない成長のスタイルの持つ問題点はさまざまな観点から指摘できる。序章にふれたように、遊びを通して、子どもたちは身体が丈夫になり、生活技術を身につけ、やる気が育つのである。そうした中でも、子どもたちの成長にとって気になるのは友だちとの接触のなさであろう。

家に帰っても友だちがいないので、家の中で一人っきりでテレビやテレビゲーム、マンガなどで時を過ごすことになる。慣れてしまうと、それなりの安定感を持てるので、友だちを持とうという気持ちも失せてくる。

教育機関として塾が充実しているか、していないかという問題でなく、子どもが塾に通うことによって自由時間を持てなくなり、生活のリズムが崩れ、群れ遊びの機会を持てず、友だちとふれ合う経験をしていない。そうした塾通いは、子どもの放課後を分断する状況をもたらしている。

これまでふれたように、小中学生の学習塾通いが定着している。日本では慣れてしまった光景だが、欧米では小学生の塾はまったくというくらいに存在していない。そうした意味では、子どもの塾通いに慣れてはいけない。というより、学習塾通いや稽古ごとを自粛して、子どもに、子どもらしいのんびりとした自由時間を保証することが必要なように思われる。少なくとも、元気でたくましい子どもを望むなら、放課後の時間を子どもの自由にすることが何よりも大事になる。

参考文献

(1) 小学生調査、東京近郊の小学五・六年生一八〇〇名、一九九五年実施。「学習塾」『モノグラフ・小学生ナウ』Vol. 15－6、ベネッセ教育研究所、一九九六年。

(2) 中学生調査、各地の中学生一六〇〇名、一九九四年実施。「学習塾通いする中学生」『モノグラフ・中学生の世界』Vol. 49、ベネッセ教育研究所、一九九五年。

(3) 「学習塾の実施する野外活動等に関する実態調査研究報告書」国立教育会館社会教育研究所、一九九八年。

第2章

学校の中の子どもたち

第1節　学校の居心地

1　子どもにとっての学校

(1)　楽しさと充実

「楽しい学校作り」を目指している学校が多い。学校がつまらなくていいという気持ちはないが、「楽しい学校」はいうはやさしく、行いにくい。というより、「楽しい学校」は本当に実現できるのか。実現の可能性を検討しないで、言葉だけが一人歩きしている印象を受ける。

子どもたちに「楽しいのはどんな時」と尋ねてみよう。「自分の部屋でマンガを読んでいる時」や「宿題を終えて、テレビゲームをしている時」の返事が戻ってくるのではないか。「春休みにディズニーランドへ行った時」や「夏休みに家族キャンプをした時」の答えも認められよう。

「楽しい」とは本来遊びの場面などで使われるもので、心からくつろげる状態を指している。残念ながら、学校の中での子どもたちは、時間割にしたがって授業を受けなければならない。教科によっては苦手な科目もある。得意な科目でも、長い時間机にすわって先生の話を聞いていなければならない。子どもたちにとって学校とは本来授業を受ける場で、そうした状況を考えると、学校を楽しくというのは「楽しさ」の意味にもよるが、かなり無理な願いのように思われる。

とらえ方にもよるが、学校の楽しさは、おとなの仕事に性質が近いように思われる。おとなの場合、仕事をしている時、「楽しいか」と問われると、返事に困る。楽しいとはいえないが、かといって、嫌でたまらないこともない。仕事の内容にもよろうが、仕事が順調にいっている時の気持ちは「熱中していて、時間の経つのを忘れた」や「この仕事をしていてよかったと思った」、「充実していた」などとなろう。

仕事以外の趣味や家事でも、「楽しい」というより「充実している」の方がその時の気持ちを代弁している場合が多い。ややオーバーにいうと、「生きていてよかった」や「自分が生きているのを実感できる」であろうか。それと同じように、学校が目指すものは、学校にいると子どもたちが「楽しい」というより、「充実感」を持てるかどうかであろう。

そこで、「充実している」がどういう状態なのかが問題になるが、とりあえず、授業に「興味が持てる」とか「集中できる」が充実している状態であろう。子どもたちが授業に熱中でき、時間がたつのを忘れられるなら、学校は子どもにとって充実した楽しい場になる。それに、休み時間での友だちとの遊びやおしゃべりがあれば、学校は子どもたちにとってより充実した場所となろう。

(2) 学校内での楽しい時間

このところ、マスコミなどでは学校批判がさかんで、子どもがみんな学校で生きがいを見いだしていないように報じられている。そこで、実際はどうなのか、子どもに聞いてみることにした。まず、「学校へ行くのが楽しいですか」と、小学六年生に尋ねてみた。

とても楽しみ	二三・九%		
わりと楽しみ	三三・一%	小計	五七・〇%
少し楽しみ	二四・八%		
あまり楽しくない	一〇・九%		
全然楽しくない	七・三%	小計	一八・二%

このように、「学校へ行くのが楽しみ」なのは「わりと」を含めて六割弱で、「楽しくない」は二割に迫っている。そうした意味では、学校に楽しさを感じられない子どもがかなりの程度

を占めるのは否定できないが、そうはいっても、「楽しい」と思って学校へ来ている子どもも ほぼ六割に達する。

もっとも、学校は勉強をする場なので、学校がある程度まで楽しさに欠けるのは仕方がないようにも思う。それでも、時間と場所によっては、学校生活に充足感を味わったり、ホッとしたりする時もあるのではないか。

そこで、学校内でホッとする場所を限定する意味で、「教室にいる時、ホッとするか」を尋ねてみた。教室にいる時、「とても」の一三・六%を含めて、「ホッとする」子どもは四三・一%にとどまる。そして、「とても落ち着けない」は四・〇%で、「落ち着けない」子どもは、「あまり」を含めて一七・〇%に達する。

それでは、子どもはどこでくつろげるのか。子どもたちがもっともくつろげるのは、「図書室」の六六・四%(「とても」が三八・二%に「わりと」の二八・二%を含めて)、次いで、「屋上」が五三・五%、「校庭」四六・五%となる。

これらの居心地は教室を上回っている。教室以外の広い場所に行くとのんびりできるが、残念ながら、教室に居心地のよさを感じている子どもは半数に達していない。校庭や屋上に出るとのんびりできるというのはよいが、子どもたちが多くの時間を過ごすのは何といっても教室であろう。それだけに、教室の居心地がそれほどよくないのが気にかかる。

表1　授業ごとの楽しさ

(%)

	とても	わりと	小計	少し	あまり	全然
調理実習	52.8	23.2	76.0	14.7	5.5	3.8
サッカー	52.4	19.3	71.7	14.6	7.9	5.8
絵画・工作	42.8	25.0	67.8	18.4	7.7	6.1
理科の実験	38.6	29.3	67.9	17.8	8.7	5.6
楽器演奏	34.2	22.5	56.7	20.8	12.4	10.1
植物や天体	26.8	25.4	52.2	23.0	14.2	10.6
歴史の勉強	27.5	20.5	48.0	21.6	16.7	13.7
算数の図形	22.8	21.8	44.6	22.8	18.9	13.7
マット・鉄棒	22.7	19.8	42.5	23.3	18.1	16.1
分数や小数	19.8	18.2	38.0	23.5	21.6	16.9
算数のテスト	18.1	17.8	35.9	19.8	21.7	22.6
説明文の読解	14.9	17.9	32.8	28.1	24.6	14.5
文章問題	17.1	15.5	32.6	21.6	26.3	19.5
漢字の勉強	11.8	20.7	32.5	29.1	26.0	12.4
国語のテスト	11.7	20.3	32.0	27.9	23.8	16.3
作文を書く	12.8	17.7	30.5	22.6	24.7	22.2
農業や工業	12.1	14.4	26.5	30.5	25.8	17.2
意見を発表	11.0	13.5	24.5	25.3	26.7	23.5

教室での授業といってもいろいろな教科がある。それでは、教室の授業の中で子どもたちが楽しいと感じるのはどういう場面なのか。表1にどんな授業の時に、楽しいと感じるのかをまとめてみた。

表1が示す「楽しさ」を以下のような三つに類型化できよう。

①「とても」に「わりと」を含めて「楽しい」が五割を超える時間＝調理実習やサッカー、絵画・工作など、勉強の中では動き回ることができて学習の感じが少ない時間。

②「楽しい」が五割以下だ

が、それでも楽しさが四割台の時間＝社会科の歴史の授業、算数の図形の勉強、マットや鉄棒など、集中し話を聞くというより、自発的に考えたり、動くことのできる時間。

③「楽しい」が三割以下＝算数の分数や小数、国語の読解、漢字の勉強、作文など、答えが決まっていたりして、きちんと勉強することが求められる学習らしい時間。

調理や球技などの体を動かす時間は楽しいが、計算や読解などの座ったままで何かを学ぶ形の授業に子どもたちは楽しさを感じられないでいる。残念ながら、授業の中で座学の占める割合は大きい。となると、教室内での授業の中で、楽しさを感じられる時間は少ない計算になる。

(3)　学校行事の楽しさ

国語や算数の時間に楽しさを感じにくいという結果に、子どもたちに授業を通して充足感を持たせることの難しさをあらためて感じる。しかし、学校には授業以外のさまざまな時間が存在する。そこで、学校生活の時間帯別に楽しさを確かめてみると、以下のようになる。

	とても	＋	わりと	＝	「楽しい」の小計
休み時間	六五・五％		二三・五％		八九・〇％
クラブ活動	五三・五％		二七・一％		八〇・六％
体育の時間	四四・八％		二九・六％		七四・四％

給食の時間	三九・六％	三四・〇％	七三・六％
算数の時間	一三・五％	二〇・五％	三四・〇％
掃除の時間	五・一％	一七・九％	二三・〇％

すでにふれたデータと同じように、算数の時間に楽しさを感じられるのは三分の一にとどまる。それに対し、何といっても楽しいのは休みの時間で、「とても楽しい」の六五・五％に、「わりと」の二三・五％を加えると、「楽しい」は八九・〇％に達する。次いで、体育や給食の時間も楽しく、「わりと」を含めると楽しさは七割を超える。

当たり前のようだが、子どもたちは休み時間が楽しいという。そうだろうと思うものの、学校の中で、休み時間に割ける時間は限られている。そこで、休み時間に性格の近いものを学校生活から拾い出すなら、学校行事であろう。

いくつかの学校行事を示して、楽しさを尋ねると、「移動教室」の楽しさは「とても」の六六・九％に「わりと」を加えると八五・三％、また、遠足は六二・〇％（「わりと」で八五・二％）、運動会も四七・〇％（七二・六％）と、いずれも高い割合を示している。

このように子どもたちの声を手がかりとして「楽しい学校」のイメージを描くなら、受け身で話を聞く座学の時間がつまらない。だから、のびのびと過ごせるような活動の時間を増やして欲しいとなる。それとともに、楽しい学校行事を用意すれば、学校の楽しさが増す。分かりやすい調査結果だが、学校としてそれが可能か。あるいは、それで、学校の機能を果たせるかとなると、疑念がうかんでくる。

なお、学級や担任に対する充足感を「とてもよかったかどうか」の形で尋ねると以下の通りとなる。

	とてもよかった	わりとよかった	小計
学級	三六・九％	二八・一％	六五・〇％
担任	二七・八％	二六・五％	五四・三％

	少しよかった	あまりよくない	全然よくない	小計
学級	二〇・七％	九・五％	四・八％	三五・〇％
担任	二三・五％	一一・九％	一〇・三％	四五・七％

今の学級でよかったが六五・〇％、担任でよかったが五四・三％である。「少しよかった」を含めると、「よかった」が多いというものの、「心の底からよかった」と思っている子どもはそれ程多くはない。

2　学校に充足感を持てる子・持てない子

(1)　充足感を持てる群

いずれにせよ、こう見てくると、時間帯にもよるが、全体として見ると、学校に充足感を持てる子どもが六割程度にとどまっている。ということは、学校に充足感を持てない子どもは四割に迫っている。

そこで、学校に充足感を持てるのはどういう属性の子どもなのかを調べてみよう。具体的には、学級にいる時に「ホッとした」を例にして、「とても」の一三・六%に「わりと」の二九・五%を含めて、「ホッとした」四三・一%の子どもを「教室に充足感を持てる群」と名づける。それに対し、「あまり」の一三・〇%に「とても」の四・〇%を加えた「落ち着かない」の一七・〇%を「教室に充足感を持てない群」としてとらえてみよう。

まず、授業時間の楽しさとの関係はどうか。表1で紹介した学習の中から「楽しさ」の上位に位置する項目と下位の項目とをとって、充足感との関連を調べてみよう。

	充足感を持てる群A	持てない群B	A－B

調理実習	八一・九%	＞	六六・六%	一五・三%
サッカー	七五・八%	＞	六五・三%	一〇・五%
絵画・工作	七三・〇%	＞	五八・〇%	一五・〇%
分数・小数	四六・一%	＞	三一・〇%	一五・一%
算数のテスト	四三・八%	＞	二七・九%	一五・九%
漢字の勉強	四一・六%	＞	二五・八%	一五・八%

（「とても」「わりと」楽しい割合）

A－Bの欄が示すように、算数や国語の時間では充足感を持てない群の楽しさは持てる群より一五%も低下している。それだけでなく、家庭科や図工でも、充足感を持てない群(B)の楽しさは「持てる群」(A)より低下している。このように学校に充足感を持てない群の子どもは、活動のできる時間はむろんだが、座学になっても、楽しさを感じられない割合が高い。

そこで、もう少し範囲を広げて、担任や友だちなどの人間関係と充足感との関連を確かめてみよう。

	充足感を持てる群A	持てない群B	A－B
担任にほめられた			
とても	五・四%	三・四%	

わりと	一三・九%		三・八%	
小計	一九・三%	＞	七・二%	一二・一%
相談にのってくれる友が				
たくさん	一九・二%		一三・一%	
五人以上	二五・四%		一八・四%	
小計	四四・六%	＞	三一・五%	一三・一%

学校に充足感を持てない群の子どもが担任にほめられる割合は七・二%で、充足感を持てる群の一九・三%と比べ、一二・一%ほど、ほめられる割合が低い。また、相談にのってくれる友の割合も「充足感を持てない群」(三一・五%)は「持てる群」(四四・六%)と比べ、一三・一%も友のいる割合が少ない。

このように見てくると、「充足感を持てない群」の子どもが授業に楽しさを感じられないのは仕方がないとしても、担任との関係も希薄で、友だちなどにも恵まれていないように見える。こうしたデータを重ね合わせると、充足感を持てない子どもの背景は学力不振などといった単純なものでなく、いくつかの要因が深くかかわりあっているように思われる。実際にも、充足感を持てない子どもは以下のように、自分に対して自信を持てないでいる割合が高い。

充足感を持てる群Ａ　持てない群Ｂ

元気な	六二・七％	＞	三三・六％
頑張る	五一・九％	＞	三〇・六％
明るい	四八・五％	＞	二一・三％

（「とても」「わりと」そうの割合）

「頑張り屋で元気で明るい」と自分を思える子どもは学校に充足感を持てるが、そう思えない子どもは学校に充足感を見いだせないでいる。もちろん、両者の関係はもともと自信のない子どもだから、学校に適応できないのか。それとも、授業が分からないとか、担任とうまくいかないなどが加わって、自信が失われたのか。いずれにせよ、学校が、自信を持てない子どもの自信を育てるのに成功していないのはたしかのように思われてくる。

(2)　学業成績との関連

学校は学習の場であるから、学業成績のよさ・わるさが学校での充足感に影響を与えると思われる。そこで、成績と学校の楽しさとの関係を調べると以下のようになる。

	とても	＋	わりと	＝	学校が「楽しい」小計
成績上位	二七・四％		三五・二％		六二・六％
中位	二四・九％		三六・一％		六一・〇％

下位	一八・九%	二七・二%	四六・一%

学業成績が上位の子どもが「学校を楽しい」と思える割合は六二・六%で、中位の子どもの六一・〇%も学校を楽しみにしている。しかし、成績が下位の子どもが「楽しい」と思えるのは四六・一%にとどまっている。

学校の楽しさが成績の影響を受けるのはたしかのようだが、それでは、学業成績によって、学校生活のどの部分がより明るくなり、あるいは暗さを増すのか。授業場面をとりあげて考えてみよう。表1の項目の中で、学業成績によって差が大きく開く項目と開かない項目とが認められた。そこで、両者の項目を拾いあげると、以下の通りとなる。

(1) 成績により「楽しさ」が大きく開く項目

	上位	中位	下位	上位－下位
① 算数の文章題を解く	五八・七%	二七・九%	一三・〇%	四五・七%
② 算数のテスト	六〇・七%	三二・九%	一六・四%	四四・三%
③ 算数の図形を書く	六四・四%	四二・一%	二八・八%	三五・六%

(2) 成績により「楽しさ」があまり開かない項目

	上位	中位	下位	上位－下位
① サッカーやバスケット	七六・四%	六五・二%	六五・〇%	一一・四%

② 絵を描く・工作をする	七三・〇％	六八・八％	六一・一％	一一・九％
③ 植物や天文の観察	五九・五％	五一・六％	四六・五％	一三・〇％

（「とても」「わりと」楽しい割合）

成績の上位者の場合、算数の文章題の授業を楽しいと思う割合は五八・七％だが、下位者の楽しさは一三・〇％にとどまる。両者の開きは四五・七％に達する。しかし、サッカーや図工では下位者の楽しさは、上位者と比べ一割くらい低下する程度で、楽しさにあまり変わりはない。学業成績は算数や国語の授業に関係するが、体育や図工は成績に関係なく、どの子も楽しいと思っている。

なお担任との関係に着目すると、以下の通りとなる。

	上位	中位	下位	上位－下位
① 信頼されている	二四・九％	一〇・四％	五・六％	一九・三％
② 励まされる	二九・一％	二〇・八％	一五・七％	一三・四％
③ ほめられる	四六・二％	三〇・七％	二一・七％	二四・五％

（「とても」「わりと」の割合）

成績が上位の子どもの二四・九％は「先生から信頼されている」と思っている。しかし、下位の子どもの内、信頼されていると思える子どもは五・六％にとどまる。勉強が苦手だと、授業の時自信を持って授業に臨むことができず、小さくなって座っている。そうした気持ちが担任の先生から「信頼されていない」とか「ほめられない」という気持ちに連なるのであろう。

勉強の苦手な子どもが、授業の時の楽しさに欠け、先生との関係がうまくいっていないのは、望ましいことではない。しかし、学校が勉強をする場であることを考えると、仕方がないようにも思う。それでは、勉強の苦手と友だちとの関係はどうなっているのか。「遊ぶ」や「相談」する友だちが「一人もいない」割合は以下の通りである。

	上位	中位	下位	下位−上位
① いっしょに遊べる友	七・二％	七・四％	一〇・九％	三・七％
② 相談にのってくれる友	一一・七％	一二・四％	二〇・二％	八・五％
③ どんなことでも話せる友	二四・七％	三六・六％	四七・三％	二二・六％

（「一人もいない」割合）

「どんなことでも話せる」友だちが「一人もいない」子どもは、成績上位層では二四・七％にとどまるが、下位層になると、その割合は四七・三％に達する。

このように、成績が下位の子どもは遊んだり話したりできる友を見いだせないという。学校では勉強の成績が振るわないと、先生との関係だけでなく、友だちも持てず、学校に充足感を持ちにくいのであろうか。

3　中学生にとっての学校

(1)　楽しい時間帯

これまで小学生にとっての学校の意味を探ってきた。学校で楽しいのは時間帯別では休み時間で、授業では調理実習や球技の時間だった。学校行事も楽しい。しかし、学校の中枢ともいえる算数や国語の時間に充足感を見いだせない子どもが多い。

それでは、子どもが中学生になったら、楽しさはどう変化するのか。

	とても楽しみ	わりと楽しみ	小計	少し楽しみ
小学生	二三・九％	三三・一％	五七・〇％	二四・八％
中学生	一七・三％	一八・八％	三六・一％	三三・六％

	あまり楽しくない	全然楽しくない	小計
小学生	一〇・九％	七・三％	一八・二％
中学生	一七・六％	一二・七％	三〇・三％

小学生の場合、少ないといってもほぼ六割が「学校は楽しい」と答えていた。しかし、中学

生になると、学校が「楽しみ」と感じられる者は四割弱に低下する。そして、「楽しくない」が一八・二%から三〇・三%へ増加している。

そこで、学校での生活を①授業、②部活、③友だちとに分けて、「自分らしさを発揮しているか」との関係を確かめてみた。

	とても	かなり	「発揮している」小計
授業	三・二%	七・五%	一〇・七%
部活動	一五・二%	二三・九%	三九・一%
友だちと	二八・四%	三六・〇%	六四・四%

この結果は、学校にとって予想以上に厳しい内容を含んでいる。生徒たちは授業の時は自分らしさをまったくというほど発揮していないが、友だちといる時に充足感を味わえるという。つきつめていえば、「友だちがいるから学校は楽しい」という評価である。

そうだとするなら、学校の時間帯ごとに楽しさを尋ねても、休み時間や体育の時間が楽しく、数学や国語の時間が楽しくないという結果が得られると思う。念のために、時間ごとの楽しさの結果を紹介しておこう。

	とても	かなり	「楽しい」の小計
昼休み	四三・四%	三〇・二%	七三・六%

休み時間	三七・九％	三〇・四％	六八・三％
体育の時間	三〇・三％	二六・七％	五七・〇％
給食の時間	二〇・〇％	二四・五％	四四・五％
音楽の時間	一八・八％	二八・五％	四七・三％
技術・家庭	一一・九％	二四・六％	三六・五％
社会科	七・六％	一四・九％	二二・五％
国語	五・八％	一四・九％	二〇・七％
掃除の時間	四・二％	八・二％	一二・四％
数学	四・〇％	一〇・〇％	一四・〇％

昼休みが「とても楽しい」と思う子どもは四三・四％で、体育の時間も楽しさは三〇・三％に達する。しかし、国語は「かなり」を含めても「楽しさ」を感じられるのは二〇・七％、数学の時間は一四・〇％にとどまる。

この結果は小学生の傾向とほぼ一致しているが、学校行事でも、修学旅行の楽しさは、「とても」の四九・〇％に「かなり」の二七・〇％を含めて七六・〇％に達する。また、遠足の楽しさも六七・七％（「とても」は三五・四％）である。

中学生たちも、小学生と同じように、休み時間はむろんだが、授業時間の中でも座学でない時間に楽しさを感じている。しかし、授業にはほとんど楽しさを抱けないという。

(2) 落ち着ける場所

このように中学生も、学校では、座っている時間より自主的に活動できる時間が楽しいと答えている。

一口に学校といっても、生徒たちは学校内のどこにいるのか。生徒たちに「毎日のように行く場所」を尋ねてみた。

教室	九六・六%	校庭	三〇・一%	校舎裏	三・〇%
廊下	九五・九%	体育館	九・四%	図書室	二・七%
トイレ	六〇・五%	職員室	六・二%	保健室	一・六%

（「毎日行く」割合）

生徒たちが学校内で毎日のように行くところは「教室」の九六・六%と「廊下」の九五・九%に限られている。その他に行くのはトイレ位で、自分の教室にこもりきっているように見える。

「他の学級に入りにくいか」についても、生徒の四七・五%は「入りにくい」と答えており、その中でも二三・六%の生徒は他の学級に入ったことがないという。

中学校の先生の話によると、隣の組の生徒が教室の入り口にきて、「A組の——ですが、——さんいますか」と、呼び掛けることが多いと聞く。生徒たちの間では、学年が違えばもちろんだが、同じ学年でも隣のクラスはむやみに入ってはいけないという感覚が定着している。それが、他の学級に入ったことがない生徒が四分の一に迫った背景であろう。

そうなると、生徒たちが学校の中で自分の空間として居られる場所は学級に限られている。それだけに、「学級の居心地」が大事になる。

	とても	＋	わりと	＝	小計
楽しい	三一・一%		四九・五%		八〇・六%
のびのび	二四・一%		四六・四%		七〇・五%
ほっとする	九・五%		二九・二%		三八・七%
何でも話せる	七・三%		二七・一%		三四・四%

この結果は相反する二つの傾向を示唆している。たしかに、多くの生徒は学級が「楽しくのびのびしている」と答えている。そうした反面、学級で「何でも話せ、ほっとできる」のは四割弱の生徒に限られている。

多くの生徒にとって、学級だけが居場所なのだが、その居場所でも緊張感を持っている生徒が少なくない。それだけに、子どもたちにとって学校は居心地のよい場とはいいにくいのが実状のように思われる。そうした学校をどうしたら充足感の抱ける場にできるか。

これまでふれてきたように、生徒たちは学校に充足感を持てないでいる。かろうじて友だちの存在が心のつなぎになっているが、その他では、体育や図工などの座学でない時間や学校行事が楽しいという。学校の本質部分について充足感を持てる生徒は少数にとどまっている。その結果、多くの子どもたちが充足感を持てずに、自信をなくしたまま、教室の机に座っている姿がうかんでくる。

学校の居心地については多くの角度からの改革が必要であろうが、とりあえず、担任の果たす役割が重要なように考えられる。なにしろ、子どもたちは教室の中で大半の時間を過ごしている。それだけに、担任が中心になって、学級の居心地をよくするように心がければ、それだけでも、救われる子どもが少なくないのではないか。こうした担任の意味については、この章の第3節で考察することにしたい。

引用した調査

「学校の居場所を考える」『モノグラフ・小学生ナウ』Vol. 17－3、ベネッセ教育研究所、一九九八年一月。
「学校内の人間関係」『モノグラフ・中学生の世界』Vol. 57、ベネッセ教育研究所、一九九七年九月。

第2節　算数に自信を持てない子どもたち

1　算数嫌いの背景

(1)　算数の好き嫌い

子どもたちにとって算数は特別の意味を持った教科のように思える。図工や体育でも、課題をうまくこなせると子どもたちはうれしそうだ。しかし、不出来でもそれほど落ち込まない感じがする。社会科や理科を含めて、他の教科の成績にはそれほどこだわらないのに、算数の成績はなんとも気になるらしい。

算数が苦手になると、算数嫌いになるだけでなく、勉強全部が嫌いになるような印象を受ける。そこで、算数に焦点をしぼって、子どもたちの気持ちを探ることにしよう。

表1　教科の好き嫌い

(%)

	とても好き	わりと好き	どちらとも	わりと嫌い	とても嫌い
体育	49.8	23.7	16.0	7.5	3.0
図工	33.4	35.0	21.1	6.8	3.7
家庭	25.1	33.1	28.2	8.5	5.1
国語	11.5	34.4	36.1	13.8	4.2
理科	15.9	34.1	30.0	15.2	4.8
音楽	21.0	26.7	27.9	14.4	10.0
社会	16.8	26.7	28.9	19.6	8.0
算数	17.2	27.0	24.8	19.6	11.4

まず、子どもたちに教科の好き嫌いを尋ねてみた。「とても好き」から「とても嫌い」まで、「好きでも嫌いでもない」を含めて、五段階評価で教科への気持ちを求めると、表1のような数値が得られる。

この中では、好きの割合でなく、「とても」に「わりと」を加えた「嫌い」の割合に着目してみよう。

一割前後＝体育（一〇・五％）、図工（一〇・五％）、家庭（一三・六％）

二割前後＝国語（一八・〇％）、理科（二〇・〇％）、音楽（二四・四％）

三割前後＝社会（二七・六％）、算数（三一・〇％）

さすがに体育や図工のような実技教科では「好き」の割合が七割前後に達し、嫌いという子どもは一割にとどまる。国語や理科でも「嫌い」は二割くらいに限られている。しかし、算数の場合、「好き」は五割弱で、「嫌い」が三割に達する。算数は子どもからもっとも嫌われる割合の多い教科になる。

算数がどうして好かれないのか。算数は、図工や体育のような実技中心の教科ではない。国語や社会と同じように、座学の時間が長い教科だ。そこで、国語や社会、理科と対比させて、算数の意味を考えることにしよう。

	算数	国語	理科	社会
できないと恥ずかしい	＊六六・二％	一八・一％	五・二％	一〇・五％
不安で挙手しにくい	＊六一・一％	一九・四％	九・一％	一〇・四％
難しく分からない	＊四八・一％	九・七％	一四・一％	二八・一％
早く終わって欲しい	三一・一％	二四・五％	一二・九％	＊三一・五％
授業が楽しい	一八・八％	一四・三％	＊四三・八％	二三・一％

（数値は「算数から社会までの中から一教科を選ぶ」割合、＊は四教科中の最大値）

注記したように、この数値は四教科の中から必ず一教科を選ぶ形の回答選択なので、数値が一つに集まりやすく、誇張される数値が得られやすい。それだけに、数値の解釈にあたって慎重さが必要だが、子どもたちによれば、算数は「難しくて分からないし」、「不安で挙手しにくく」、「できないと恥ずかしい」、だから「授業が早く終わって欲しい」と思うという。

こうした数値をながめると、子どもたちが算数の授業に心の重さを感じているように思える。どうして算数にそうした感覚が持たれるのか。先ほどと同じように四教科の中での評価を求めてみた。

	算数	国語	理科	社会
中高校の勉強に役立つ	＊六五・二％	一四・八％	二・七％	一七・三％
頑張って勉強したい	＊五二・七％	一六・四％	一〇・〇％	二〇・九％
成績がよいと親が喜ぶ	＊五二・四％	二七・六％	八・五％	一一・五％
将来の生活に役立つ	＊四七・三％	一八・六％	一一・八％	二二・三％

（＊は四教科中の最大値）

子どもたちは、「算数は中学や高校へ行って役立つ」だけでなく、「将来の生活にも役立つ」と感じている。それに、「よい成績をとると親が喜ぶ」から、「自分も頑張ってみたいと思う」と考えている。

国語や理科、社会科も大事な勉強だと思うが、算数とは重みが違う。算数は受験にとって重要科目だし、職業面でも必要なのだから、子どもたちは頑張ってよい成績をとりたいと考えている。

(2) 算数の持つ意味

たしかに受験科目というと、算数（数学）と国語がイメージにうかぶ。中学生ならこれに英語が加わるのであろうが、それにしても、算数は進学にとっての中枢科目になる。

小学生の場合、英語の勉強はすこし先の話なので、とりあえず国語と算数が問題になるが、他の教科と比べ、算数は優劣が分かりやすい特性を持つ。

国語の時間、漢字の書き取りなどを除くと、正解と誤答との区別に曖昧な部分がある。読解の答を例にとれば、正解が正しいのはたしかだが、誤答をしても、0点なのでなく、正解と比べ、考えが浅い、または、見方が狭いなどの理由で、次善または次次善の解答なのにすぎない。したがって、誤答であってもそれなりに正当化できるし、自信を失わないですむ。それに加え、国語の鑑賞などの領域は主観の世界の問題で、「自分の感じたことは間違っていない」と思うことも可能だ。

まして、社会科は解答が間違っていても、「それは、覚えていなかった。これから覚えればいいのだろう」と思える。それに、教材が歴史や地理のように領域が平板に散らばっている上に、歴史でも古代、中世、近世のように学習が進むので、勉強をする気になればいつでも、その瞬間から、挽回が可能のように感じられる。

それに対し、算数は正解か誤答しかない。「3×4」はどう考えても12で、どう考えても11や13にならない。「一キログラム＝一〇〇〇グラム」も絶対的な真理である。答案が戻ってきた時も、○か×かがはっきり分かるので、間違っているとすぐに目につく。それに、正答にいたる筋道を聞けば、まったくその通りで、自分の間違いを認めざるをえない。残念ながら、読解のように、「この考えも、一つの考え方」とはいえないので、正当化できる余地は少ない。

さらにいえば、子どもが考えても、算数は一桁の足し算・引き算の上に二桁の加減が始まる。あるいは、「9×9」の学習の後に、「19×9」の学習が続く。したがって、学習が螺旋状に進むような感じがする。立体の学習でもいきなり立体になるのでなく、線の学習の上に面の勉強、それに立体と続く。

そうなると、学習のどこかでブレーキがかかると、基礎の力がついていないので、次の学習に進んでも分からない状況が強まる。そうなると、ひとつのブレーキが、次のより大きなブレーキを引き起こし、その結果、苦手意識が定着する。算数では、ブレーキがかかった箇所に戻って手当をしないと、学力の積み重ねができない性質を持つ。

それに対し、社会科は、歴史や地理のように学習内容が並列している。歴史の学習でも、江戸まではダメでも、明治期の勉強から心を入れかえて勉強を始めれば、そこからでも力がつき、挽回は充分に可能になる。国語でも、今習っているところから、漢字を練習したり、読み取りの工夫をすれば、力がつく。

困ったことに、算数は学力の差がついてしまうと、挽回しにくい。そうした算数の成績が将来の進学に関係することになれば、子どもたちが算数の成績にこだわる気持ちも無理がないように思われてくる。

表2　算数の成績の自己評価

(%)

	上位	中の上	中位	中の下	下位
小学4年	19.0	18.6	43.8	8.9	9.7
5年	15.7	21.1	40.3	11.6	11.3
6年	14.2	24.0	35.2	12.2	14.4
中学1年	13.4	14.9	35.9	20.9	14.9
2年	9.6	13.5	32.1	19.0	25.8
3年	10.5	11.5	33.2	20.2	24.6

それでは、自分の算数の成績について、子どもたちはどう評価しているのか。ここでは小学生の調査データを紹介しているが、中学生のデータを含めて、学年別の推移を調べてみよう。

算数が「上位」または「中の上」の子どもを「算数（数学）の得意な子」とすると、そうした子どもの占める割合は、小四の三七・六％から学年が上がるにつれて、得意の割合が減って、中三では二一・一％に低下する。それと反比例する感じで、算数に苦手意識を抱く子どもは小四の一八・六％から小六の二六・六％、さらに、中一の三四・八％、そして、中三の四四・八％と急増していく。

これまで述べてきたように、子どもたちは、算数の成績は高校や大学の受験はむろんのことだが、将来の生活にも影響を及ぼすと感じている。そうした意味を持つ算数の勉強が「苦手」と感じている生徒が中三では四四・八％と、ほぼ半数に達する。

(3)　難しい学習内容

これまで、算数という言葉を使ってきたが、一口に算数といっても計算問題や文章題、図形などのように、いくつかの領域がある。そこで、六年生の子どもたちに三年生から今までに習った算数の教材を示して、それぞれの時期、そうした勉強がどれ位難しかったかを尋ねてみた。

調査にあたっては、「とてもやさしかった」から「すごく難しかった」までを四段階で設問しているが、ここでは、「少し」と「すごく」難しいと答えた回答に着目してみよう。

(1) 小学三年の勉強

	少し	+	すごく	=	「難しい」小計
棒グラフ	一五・五%		二・六%		一八・一%
461×5	一六・九%		一・九%		一八・八%
256÷4	二二・八%		四・〇%		二六・八%
●三角形の角度	二八・九%		四・六%		三三・五%
●3時−2時10分	二九・〇%		五・九%		三四・九%
●□を使い式を	三一・六%		五・六%		三七・二%

(2) 小学四年の勉強

分度器で角度	一二・五%		二・八%		一五・三%
1・25+3・78	一五・九%		二・四%		一八・三%

$\frac{5}{2}+\frac{5}{4}$	一五・四%	三・九%	一九・三%
台形を書く	二〇・三%	三・四%	二三・七%
●（　）の入った式	二九・一%	四・八%	三三・九%
●956×23	二九・四%	五・〇%	三四・四%
(3)　小学五年の勉強			
図形の合同	一七・三%	二・二%	一九・五%
$\frac{4}{3}+\frac{5}{2}$	二〇・六%	三・五%	二四・一%
2・07×1・3	二四・六%	二・七%	二七・三%
台形の面積	二二・九%	四・八%	二七・七%
Xで式を	二七・八%	五・四%	三三・二%
◎割合を求める	四二・五%	一三・一%	五五・六%
◎秒速と時速	四三・四%	一八・七%	六二・一%
(4)　小学六年の勉強			
$\frac{2}{3}\times\frac{4}{3}$	九・五%	一・八%	一一・三%
線対称	一九・七%	三・四%	二三・一%
組み合わせ	二七・三%	二・七%	三〇・〇%

●比例・反比例　　　　二八・八％　　五・五％　　三四・三％
●立体の体積や表面積　二九・一％　　七・四％　　三六・五％
（●は「難しい」が1/3以上。◎は1/2以上）

数学の専門家がこの結果をどういう評価をするのかは分からないが、いくつかの注目したい傾向が認められる。まず、小学三年生の頃から算数の難しさを味わっている子どもが目につく。三年生の頃でも、「難しかった」と思う子どもが、領域的に学習しやすい「かけ算やわり算」でも二割を占める。そして、「三角形」や「時刻」になると、「難しい」が三割を超える。調査対象が六年生だから、「三年生の頃、算数が難しくなり、授業が分かりにくくなった」と思っている子どもが多いのであろう。

そして、領域別に見ると、図形や計算の学習はそれほど苦手としていない。計算は予復習をして、マスターできる。しかし、割合や時速、そして比例のように、単純に答がでるのでなく、考える過程が必要な学習に難しさを感じている。「式をたてる」のも難しいという声が多い。

もちろん、この結果は全体としての反応なので、算数が苦手な子と得意な子とでは、「難しい」と思う領域や程度が異なるのではないか。特に、苦手の子どもは算数がどの程度分からないかが問題になる。

そこで、先に紹介した小三から小六までの教材の中で、それぞれもっともやさしい領域と難

表3　算数の領域の難しさ×成績の自己評価

(%)

		上位	中位	下位
小3	棒グラフ	12.1	17.6	28.8
	□を使い式を	20.1	42.5	58.0
小4	分度器で角度	9.0	15.6	26.8
	956×23	20.9	37.7	52.0
小5	図形の合同	11.0	18.8	33.8
	秒速と時速	40.4	74.5	81.4
小6	2／3×4／3	4.0	10.8	24.0
	立体の体積や表面積	17.0	41.7	61.6
全体の平均		16.8	32.4	45.8

（少し＋すごく「難しい」と思う割合）

しい領域とを選んで、「難しい」と思う割合を集計してみた（表3）。

表中の八領域の難しさの平均を算出してみると、算数の成績上位層が「難しい」と思う割合は一六・八％にとどまる。しかし、中位層では難しい割合が三二・四％に達し、下位層になると四五・八％と、難しいが半数に迫る。

領域別に見ると、小五の「秒速と時速」は上位層でも四〇・四％が難しいと答えている。そして、中位層になると七四・五％、さらに下位層は八一・四％と、中位以下のほとんどの子どもが難しいと感じている。体積や表面積も中位以下の子どもにとっては難関の領域になる。

算数がもともと苦手な上に、難関の領域が控えている。そうした関所を越えていく度に、何人かの子どもが力つきて、努力をする気力を失う。そうなると、算数がますます分からなくなり、算数嫌いな子どもが誕生する。

2　算数の得意な子・苦手な子

(1)　授業中の気持ち

そこで、子どもたちにもう少し詳しく算数の時間の気持ちを尋ねてみた。もちろん、算数の成績によって授業に臨む気持ちが異なると思われるので、算数の授業での体験を成績別にまとめると表4の通りとなる。

表4から明らかなように、授業での気持ちは子どもの成績によって異なる。成績の上位の子どもの六割は「先生にほめられた」経緯を持っているし、「やさしくてつまらない」と思う割合が多い。もちろん、「指名されて答えられない」は一二・九%、「難しくて分からない」が一七・〇%にとど

表4　授業の体験×学業成績

(%)

	全体	上位	中位	下位
やさしくてつまらない	21.3	49.4	12.8	8.6
先生にほめられた	37.1	57.9	33.6	14.7
指名に答えられない	34.1	12.9	37.3	62.3
間違えて恥ずかしい	37.2	18.1	39.9	58.6
難しくて分からない	47.6	17.0	55.5	76.0
早く授業が終わるように	51.1	30.7	53.8	79.0
できる友がうらやましい	53.6	21.1	59.8	78.4
不安で挙手できない	61.4	30.3	71.6	74.4

(「何回も」「ときどき」ある割合)

まる。したがって、成績の上位の子は、のびのびと算数の授業を受けているのであろう。

それに対し、算数の苦手な子どもの場合、算数が「難しくて分からない」、「不安で挙手できない」、「友のできるのがうらやましい」、「早く授業が終わらないかな」と「ときどき」思っている子が七割を超える。また、成績が中位の子どもでも授業中に不安を感じている者が半数を上回っている。

すでにふれたように、算数を上位と思える子どもは、小学六年生の場合、一四・二％で、中の上の二四・〇％を含めても三八・二％に限られていた。ということは、自信を持って授業に臨んでいるのは多く見積もっても四割を下回る計算になる。そして、下位であることを自覚する子は一四・四％で、「中の下」の一二・二％を含めて、二六・六％と四分の一を超える。少なくとも、算数の時間に苦痛を感じている子どもが四人に一人を占めているのが分かる。

そこで、算数の授業中にどれ位うれしい体験を持っているのかを確かめてみた。

	全体	上位		中位		下位
満点をとった	四八・七％	七四・七％	＞	四四・三％	＞	一七・二％
計算が早くできた	四四・一％	六〇・〇％	＞	四二・六％	＞	二〇・九％
解くこつが分かった	四四・四％	六一・七％	＞	四二・八％	＞	一七・七％

（「何回も」「わりと」ある割合）

成績が上位層の子どもは「満点をとった」が七四・七％、「計算が早くできた」が六〇・〇％のように、算数の時間にうれしい体験を持つことができ、自信を持って、明るく授業に臨める。

それに対し、成績が下位の子どもは「満点をとった」は一七・二％、「計算が早くできた」が二〇・九％のように、算数の時間に楽しい思いをしていない。同じ算数の時間なのに、自信を持って楽しく学習している子どもとできなくて惨めな気持ちを抱えながらおどおどと席に着いている子どもとがいる。

社会科や理科などの時間では、かなりの子どもが自信を失うことなく、楽しく授業に臨める。しかし、算数の時間は、教科の性格から、成績によって居心地がかなり異なる。

これまでふれてきた内容をまとめてみよう、子どもたちは算数の勉強は受験にはむろんだが、中学や高校へ行っても必要な勉強で、世の中に出ても大事らしい。それだけに、算数ができるようになりたいと思っている。

困ったことに算数はできふできがすぐに分かるので、算数の得意な子は自信を持って授業に臨めるし、明るい気分で時を過ごせる。しかし、算数が苦手だと、できない自分に惨めさを感じ、友をうらやましいと思う。そして、小さくなって、自信なげに挙手もできないまま、教室に座っている。そして、算数の時間が早く終わらないかと思う。

そして、算数の授業に自信を持って臨んでいるのは多く見積もって四割以下にとどまり、三割の子どもは授業が分からないと思いつつ、小さくなって早く算数が終わらないかと感じている。成績が中位の三割の子どもにしても、算数に自信のない点では下位の子どもと変わりはない。

学校の中で算数は勉強の中枢を占める。子どもたちからすれば、社会や理科はともあれ、算数だけは大事なので頑張ってみたいと思う。それだけに、算数ができないと授業そのものに自信を持てなくなり、学校での生活に暗さが増す。

(2)　中学生にとっての数学

算数をめぐるこうした状況は、中学生になるとますますはっきりとしてくる。

中学生になると、数学に自信を持てない生徒が増えるのはすでにふれた通りだが、中学生は数学の「成績のよさ」がどうして必要なのかについて、表5のように答えている。

表5　数学の「成績のよさ」の必要性

(%)

	とても	かなり	必要の小計
高いレベルの高校に進学	62.5	24.8	87.3
一流の大学への進学	67.3	15.8	83.1
一流企業への就職	32.7	29.6	62.3
よい父母になる	9.5	20.3	29.8
市民として生活する	6.3	14.7	21.0

表6　進路×数学の成績

（%）

	普通の大学	難関大学	小計
上位	60.8	27.5	88.3
中の上	42.0	19.8	61.8
中位	24.5	13.9	38.4
中の下	16.2	8.5	24.7
下位	10.3	4.1	14.4

この結果は興味深いものを含んでいる。進学や就職といった社会的な達成のためには数学の成績のよさが大事になるが、家庭人や市民としては成績のよさをそれほど求める必要はないと、中学生は考えている。

こうした指摘が現実味を持っていることは、表6からも明らかであろう。この表は大学進学への期待を数学の成績とクロスさせた結果だが、数学の成績が上位の生徒は「普通の大学」はむろんのこと、難関大学にも入学できると考えている、それに対し、成績が中位以下になると、大学進学はほとんど困難に思える。

数学の成績によって、生徒たちの人生がふるい分けられている印象を受ける。もちろん、現在の大学受験状況は大きく変わりつつあり、受験にあたって数学不要の一流大学も少なくない。したがって、生徒たちに、数学が苦手でもいくらでも明るい人生は送れると、数学至上主義的な見方からの脱皮を促す必要があろう。

もっとも、中学生たちに授業についての希望を聞いてみると、表7のような数値が戻ってくる。

表7　数学の授業への希望×学業成績

(%)

	もっとゆっくり教えて	学力に応じた指導
上位	4.6	58.4
中の上	8.9	23.8
中位	21.3	12.8
中の下	35.8	11.2
下位	61.5	9.8

(「そうして欲しい」と思う割合)

成績が中位以下の生徒は「ゆっくり教えて欲しい」と望み、上位の生徒は「学力差に応じた授業」を期待している。たしかに、ゆっくりと教えてくれれば、成績が下位の生徒でも、もう少し授業が分かるかも知れない。そうした一方、成績上位者が学力によって学習内容を分け、もっと自分の力をつけたいと思うのも当然の気持ちであろう。

このように考えてくると、同じ数学の時間に対して、「ゆっくり教えてもらいたい」と思っている子どももいれば、「もっと難しいことを教えて欲しい」と願っている子もいる。それだけに、数学の内容をどう変えていくかが難問になる。

いずれにせよ、子どもたちは数学を大事に考えているので、数学に自信を持たせることができれば、子どもたちの学校生活は明るいものになる。それだけに、一人でも多くの子どもに数学に対する苦手意識を持たせないようにする。そのために、分かりやすい授業を心がけることが重要になる。

しかし、中学生になると、分かりやすい授業にも限界があろう。

本当に数学は人生に必要なのか。化学技師や設計士になるのに、微分積分や三角関数は必要であろう。しかし、翻訳家やシェフを目指すのに高度な数学は不要であろう。となると、どの子どもも同じ内容を学ぶのでなく、その子の個性や生き方に応じて、学習内容を変えていくことも必要になる。

そうした時、どこまで共通教育を目指し、どこから学習内容の分化を認めるのかという問題が生まれる。もちろん、こうした問題は教育課程編成という領域に入り、本稿の課題からそれるが、いずれにせよ、算数が苦手でも、図画が得意ならよいのではないか。もちろん、音楽や理科が得意でもいい。そうした個性を生かした教育を心がけないと、算数嫌いの問題は解消しないように思われる。

参考文献

「算数」『モノグラフ・小学生ナウ』Vol.15－4、ベネッセ教育研究所、一九九五年。

第3節　子どもにとっての教師

1　子どもたちの担任評価

(1)　子どもの声を聞く

学校に入ると、子どもは学級に籍を置く。学級には担任がいるので、学級の中の子どもたちは、他の先生との関係はともあれ、担任の先生に受け持たれる感じになる。しかも、日本の場合、担任は二年間受け持つのを原則としている地域が多いので、その地域の子どもは二年間担任と付き合う。

そうなると、自分にぴったりの先生に受け持たれる子どもはしあわせだが、先生との関係がうまくいかないと、子どもは二年間暗い毎日を送ることになる。

考えてみると、教育という営みは教師が最善を尽くすのを前提として成り立っている制度である。そして、多くの教師が熱心に子どもを指導しているのはたしかであろう。しかし、仮に熱心な教師であっても、子どもからすると、相性の悪さにも似たものがあって、担任との間に円滑でない関係が生まれることもある。さらに、教室の中は担任以外のおとなが入りこむことが少ないだけに、仮に問題のある担任であっても、その問題が表面化されにくい。

そうした場合、教室内での教師の行為をチェックする仕組みは作られていない。それだけに、子どもと教師との間に葛藤があったとしても、そうした問題が潜在化されやすい。その結果、問題がこじれ深刻なものになることもありえよう。

教師は常に子どもを評価している。たまには、子どもたちが教師を評価することがあってもよいのではないか。学校と企業とを同列に論ずる気持ちはないが、企業の経営の中で顧客の需要を生かすことが大事なように、学校も子どもの声に耳を傾ける必要があるように思う。

特に日本の学校は、歴史的に教師主導型の性格を強く持っているので、子どもの立場を思いやることが少ない。たまには、子どもサイドから教師をとらえたらどういう問題が見えてくるのか。

そう考えて、二〇年ほど前から、小学高学年生を対象に子どもから見た担任評価の調査を重ねてきた。と書くと、簡単なようだが、この調査は難航した。調査に協力してくれる先生を見つけにくいのである。たしかに、自分の授業ぶりを子どもに評価されるのは気分のよいものではない。だから、教師たちが、調査の協力をちゅうちょする気持ちも理解できる。それにつけても、ほとんどの先生が調査の協力を拒否するのである。

このところ、大学でも学生からの評価を大学の教育に反映させようという動きが強まっている。そうした方向は基本的に正しいと思う。とはいっても、学生の声に全面的な信頼を寄せにくい気持ちも残る。学生に講義評価を求めると、出欠をとらず評価の甘い先生の講義の評判がよく、まじめに講義し厳しい採点をすると学生から敬遠されがちになる。学生たちが「やさしければいい」というように、安易に評価を考え、単位の取りやすさを考えがちだ。そうした判断基準の不確かさに加え、学生はこれから学ぶ立場だから、学生が講義内容をきちんと評価できるだけの判断力を持っているのかも疑問になる。

したがって、学生の声に全幅の信頼を寄せるのは誤りであろう。しかし、全体として見ると、学生たちの意見に納得できるものを感じる。教師をよく見ていると、驚かされることも少なくない。したがって、一定の枠内であるにせよ、大学としては学生からの評価に配慮すべきであろう。少なくとも、個々の教師は学生の反応を配慮して講義をする態度が必要になる。

それと同じように、子どもの評価がすべて正しいというつもりはないが、学校でも、子どもからの評価にもう少し敏感になる必要があろう。

そうした気持ちから、子どもたちが担任をどう感じているのかという調査を行ってきた。最初の調査は昭和四八年に一四学級に調査を頼み、簡単な調査を実施した。一四学級の調査でも、子どもたちの担任に対する評価はもっとも評価の高かった学級が八九％で、もっとも評価の低い一八％まで、七一％の開きが認められた。子どもたちの担任評価は、ほぼ九割の子どもから「よい先生」と思われている先生から、「よい」が二割にとどまる教師まで、大きな開きが認められた。

昭和五六年に二〇学級を対象として、教師に対する子どもの評価を求める調査を行った。ここでも、教師によって、子どもたちの担任評価に大きな開きが認められた。

しかし、こうした結果を一般化するには少数例では危険なので、かなりの数のサンプルが必要と考えた。そこで、研究仲間の先生を通して、知人の教師を紹介してもらい、調査の主旨を説明して協力を仰いだ。そして、一〇四学級の教師から協力を得ることができた。その結果は『好かれる教師はどこが違う』（明治図書、平成九年）の形で発表しているので、詳しくは同書を参照して欲しいが、調査結果を要約すると以下の通りとなる。

①子どもからの支持。一〇四学級を対象にした集計結果では子どもたちが担任を「とても」「かなり」好きと思う割合は一〇〇％から一八％までの広がりを示した。そして、子どもたちの担任に対する支持率の平均は六一％だった。担任に対する気持ちに大きな開きが見られるのが目につくが、担任への支持が平均すると六割強で、担任に不満を持っている子どもが四割に達するのも気がかりになる。

②教え方のうまさ。子どもから好かれている教師と嫌われている教師との間にどんな違いが認められるのかを調べてみた。「教え方のうまさ」については、担任を「好きな」群の子どもが「先生は教え方がうまい」と思う割合は八五％（「とても」＋「かなり」）だが、「嫌いな」群でも八二％の子が、教師の教え方がうまいと評価している。したがって、両者の間にほとんど開きが認められなかった。つまり、教え方のうまい・下手は子どもたちの担任評価にあまり影響を持たないように見える。

③教師からの励まし。子どもたちの担任に対する好き嫌いにもっとも影響を及ぼしたのは「担任が励ましの声をかけてくれるか」であった。「好きな」群の子どもたちの八五％は「担任からよく励ましの声をかけてもらう」と答えているのに、「嫌いな」群の子どもが先生から励ましてもらった割合は一一％にとどまっている。その他、「子どもの頃の話をしてくれる」や「授業中、冗談をいってくれる」「休み時間に遊び相手になってくれる」なども、子どもたちの担任評価を高める条件だった。

こうした調査に協力してくれたのは、調査研究のために学級を開放してもよいと考えた先生方なので、授業に意欲的なだけでなく、教師としての姿勢もしっかりとしている。そうした教師の中でも、子どもからの評価がきわめて低い教師が存在する。おとなの目からすると優れた教師でも、子どもの目を通すと必ずしも優れているといいにくい。このあたりに、教師調査の難しさが感じられる。仮に、これと同じような調査を対象を広げて実施したら、子どもからの支持率がさらに下回る可能性が高い。

(2) 中学生の教師評価

脱学校論の著者として知られるアメリカの教育者・ベライターは、教師の役割を「スキル・トレーニング」と「テイク・ケア」とに二分している。きちんとした授業を行って学力をつけるのをスキル・トレーニングだとするなら、テイク・ケアは子どもたちの充足感を高めたり、解放感を持たせたりする働きかけである。

そして、小学生のデータによれば、子どもたちはどの担任に対しても、スキル・トレーニングの力は高く評価していた。熱心に教えてくれるし、教え方はうまい。そして、その中で、先生が好きと嫌いとに反応が分かれる。そうした子どもたちの担任評価を規定していたのは、テイク・ケア、換言するならカウンセリング・マインドだった。

授業をするのは教師の仕事であろう。そして、多くの教師は授業に全力を注いできた。授業研究という言葉が定着しているように、教師たちは充実した授業を展開できるように、自己研修を重ねている。そして、子どもたちも授業のうまさを認めている。しかし、それと同時に、教師に親しみやすさややさしさを求めている。教師の考える理想の教師像と子どもの求める教師像との間に微妙なずれが認められる。

こうしたデータをふまえ、教師たちに、子どもの声を生かして、「授業がうまく、かつ、個々の子どもに親しみやすく励ましの言葉をかける教師を目指そう」というのはやさしい。しかし、実際に毎日の授業をこなし、会議や事務処理をしながら、その一方で、一人ひとりの子どもに声をかけ、そして子どもを励ますのは至難の技であろう。

それでは、中学生になると、生徒からの担任評価は小学生の場合とどう変わるのか。小学校での調査に続いて、中学校の二七学級に協力を求めて、生徒たちの担任評価を確かめてみた。

中学生たちが、担任を「とても」「かなり」好きという割合は八三％から０％へと広がっていた。０％というと、文字通り、生徒の誰ひとりも担任を支持しなかった計算になる。そして、支持率三割以下が二七学級の中で一九学級に達した。なお、担任を「好き」の平均値は小学生を一九％下回って、四二％にとどまっている。

小学校は学級担任なので、原則として、担任がすべての時間を指導している。それに対し、中学校は教科担任制なので、学級担任の果たせる役割は自ずと限られている。それに、子どもの年齢も高くなって、担任に頼らなくても自分なりの判断ができるし、年齢的にも生意気ざかりだ。したがって、担任に対する評価が小学校より低くても仕方がないように思う。

全体として、生徒たちからの担任評価が低いといっても、生徒の支持が高い教師の姿があっ

表1　好かれる・嫌われる条件

（%）

	好かれる群	嫌われる群
話を聞いてくれる	71.2	22.2
励ましてくれる	65.8	12.6
判断を信頼できる	57.3	15.4
授業が面白い	54.6	23.8
規則に厳しい	25.1	65.6
宿題を出す	31.9	47.7
すぐに怒る	14.0	40.6
間違いを謝らない	8.7	28.2

（「とてもそう」の割合）

た。そこで、生徒から支持されているのがどういう属性の持ち主なのかを確かめると、表1の通りとなる。

生徒から嫌われる教師の条件は、「規則に厳しい」（六五・六%）、「好かれている教師」は二五・一%）や「すぐに怒る」（四〇・六%）だった。それに対し、「好かれる」教師の条件は「話を聞いてくれる」（七一・二%、「嫌われる教師」は二二・二%）や「励ましてくれる」（六五・八%）である。

こうしたデータを読んでいると、教師の仕事とは何かを考えさせられる。何はともあれ、生徒たちは親しめ頼れる教師を求めている。そうだとすると、どの教師も、教科の指導とは別に、生徒指導の面でのスペシャリストを目指すべきではないのか。生徒に声をかけることが、授業と同じ位に大事と思う感覚が必要となるように思われてくる。

そう思うものの、教師に励ましの言葉を求めるのは、子どもの甘えで、現代の子は自分は何もしないのに求めてばかりいる。子どもの方から教師に近づくべきで、もともと教師の本務は充実した授業を行うことにあるという気持ちもする。

2 国際比較を通して

(1) アメリカの教師・日本の教師

そこで、諸外国の子どもたちは教師に何を望んでいるか。子どもの望む教師像の国際比較を行いたいと思った。

どの社会を訪ねても、教室の中で教師が子どもたちに授業をしている。それが、教育という営みについての普遍的な形であろう。そして、熱心に子どもに教えている教師の姿に出会う。

「熱心に教えている」や「子どもを可愛がる」「えこひいきをしない」「子どもに未来の夢を託している」など、教師の姿勢に個々の社会の違いを超えた共通の「教師らしさ」を感じる。

そうした反面、教師と子どもとの関係にその社会らしさを感じることが少なくない。アメリカの学級にはのびのびとした明るい雰囲気がただよっているし、韓国の学校を訪ねると先生を

表2　いまの担任でよかった

(%)

	東京	ソウル	北京	ミルウォーキー	オークランド	サンパウロ
とてもよかった	⑥35.9	69.5	①84.3	63.4	53.0	52.4
わりとよかった	30.5	18.7	14.2	23.7	31.7	17.5
とても＋わりと	⑥66.4	③88.2	①98.5	②97.1	④84.7	⑤69.9

尊敬し、先生を中心にまとまっている子どもたちに出会う。ドイツの学校では自由な雰囲気と同時に規律の厳しさを感じる。

それぞれの社会の教師の持つ特性を明らかにすると同時に、そうした開きを比較対照しながら、理想の教師像を探ってみたいと考えたのである。

国際比較的に教師の姿をとらえようとする時、大づかみにして、欧米とアジアとの対比がイメージとしてうかんでくる。集団での教授の形を避け、一人ひとりの子どもに対応して指導するのが欧米型だとするなら、学級集団の中で効率よく知識を伝達するのがアジア型となる。

そこで、アジアについてはソウルと北京、欧米ではミルウォーキーとオークランド（ニュージーランド）、それに、それ以外の地域ということでサンパウロの調査を行うことにした。

詳しい結果はすでに報告書が出されているのでそれを参照して欲しいが、ここではいくつかの印象的な結果を紹介しておこう。

表2は「担任してもらいよかった」と思う割合を示している。さすがに、どの都市の子も「担任してもらいよかった」が六割を超える。その中でも、北京とミルウォーキーの先生が子どもから高い評価を得ている

表3　担任から知られているか

(%)

	東京	ソウル	北京	ミルウォーキー	オークランド	サンパウロ
得意な教科名	⑥30.5	45.9	39.5	①60.9	38.9	37.5
仲良しの友の名	25.2	①41.0	35.2	15.9	⑥15.9	34.0
あなたの悩み	⑥ 5.3	①22.9	21.3	6.5	6.2	13.1
帰宅後の過ごし方	5.1	①21.2	21.5	4.5	⑥ 4.5	10.0
好きなテレビ番組	⑥ 3.7	①18.7	17.7	7.3	5.9	12.0
平　　均	⑤12.5	①26.5	②24.5	④16.8	⑥11.9	③19.0

(「よく知っている」と思う割合)

のが目につく。

都市によって担任評価が異なる背景は多様であろうが、その手がかりを表3は示している。これは、担任が自分のことをどの程度知っているかを尋ねたもので、表3によれば、どの都市の子も「先生は得意な教科名は知っているだろう。しかし、好きなテレビ番組の名前は知らないだろう」と思っているのは共通している。つまり、先生は学級の中での勉強のことは分かっているし、仲のよい友だちくらいは分かると思う。しかし、あとの個人的なことは、「先生は知らないだろう」というのが子どもたちの担任評価である。

そうした中で、「平均」の欄が示すように、担任が自分のことを「知っている」と思えるのが、ソウル(二六・五%)、次いで、北京(二四・五%)である。それに対し、オークランド(一一・九%)や東京(一二・五%)、ミルウォーキー(一六・八%)では「知られている」が二割を下回る。

なお、ソウルとミルウォーキーとを比較してみると、以下のようになる。

		ソウル		ミルウォーキー
得意な教科名	A	四六%	<	六一%
個人的な悩み	B	二三%（五〇%）	>	七%（一一%）
帰宅後の過ごし方	C	二一%（四六%）	>	五%（八%）

（（　）はAを一〇〇とした時のB、Cそれぞれの割合）

ミルウォーキーの先生は「得意な教科名を知っている」が六一%で、ソウルの四六%を一五%も上回っている。それだけ、学級の中の子どもに神経を注いでいる。しかし、帰宅後の子どもについては「帰宅後の過ごし方を知っている」が五%のように、配慮の外にしている。それに対し、ソウルの先生は学級の中だけでなく、帰宅後のことも分かっている。

　このように、ミルウォーキーとソウルの教師が両極を形成していたが、ミルウォーキーの教師は教師としての活動の配意を教室内に限定していた。教室では子どもの指導に全力を傾ける。しかし、学校から外へ出たら、子どもと縁が切れる形である。それに対し、ソウルの教師は帰宅してからの子どもの生活にも気を配っていた。

　そして、オークランドの教師はミルウォーキーに、北京はソウルに反応が近いから、図式化すると、教師の視野が「学級内限定型」になるのが欧米、「学級外延長型」がアジアとなる。

そして、東京はアジア型に入るはずだが、子どもたちは担任から個人的なことは知られていないと思っているので、学級外延長型といいにくいように思われる。

(2)　教師をとりまく条件

このように、それぞれにその社会らしい学校があり、その社会らしい教師の姿がある。日本だけを見ていると、日本の教師がそれほど変わっているとは思えないが、アメリカの教師の姿などを視野に入れると、日本とかなり異質な教師が認められる。しかし、学校の成り立つ基盤が異なるので、安易な比較はできない。そこで、アメリカの教師をイメージにおいて、調査に現れない日米教師の役割の違いを、簡単にふれておこう。

①　担当学年が固定

日本では、どの先生も教科を専門にしている。国語や算数のスペシャリストで、中でも作文指導や図形の指導が得意などの形で教師としての特色を発揮している。それに対し、アメリカの教師は、少なくとも小学校の場合、一年生あるいは二年生など、担当学年のスペシャリストの場合が多い。そして、その学年を何年間も担当する。

日本の場合、教科を専門とするので、教材扱いの深さに特色を見いだそうとするのに対し、アメリカの教師は学年固定型なので、該当年齢の子ども理解が専門性を支える。

② 同一校での勤務年限が長い

教育行政の仕組みが異なるので、簡単な比較はできないが、アメリカの教育は地方分権という より、市や郡に実権が任されている。それだけに、教員の異動も同一市内で、それも、とくに問題がなく、本人が転出を希望しなければ、同じ学校に長期間勤務することが多い。この条件が、①に加わると、同じ先生が同一校の同一学年を何年間も担当する形になる。A市にあるB小の一年生の担任はC先生という感じである。

勤続期間の長い先生だと、親子二代にわたって教えることもまれではない。そうなると、先生の力量が分かっているから、親は安心して子どもを預けられる。そして、先生も同じ学年を繰り返し担当するので、教材を熟知し、教具の開発も進んで、安定した指導が可能になる。

その反面、教師は同一学年を担当するので、担任の持ち上がりはなく、仮に子どもの集団は、小学校期間同一であるにしても、担任は毎年変わることになる。

日本では、学校の平均化を図るために、同一校への勤務は八年や十年（地域によって異なる）などに限られている。こうした場合、どこの学校に入学しても、一定のレベルの教育を受けられる反面、個性的な学校や教師は期待できないように思われる。

③ 職務の範囲が限定されている

アメリカの学校では原則として給食の時、子どもをランチルームに連れていくまでが担任の仕事で、ランチルーム内は給食を担当するティーム（多くは会社）が責任を持つ。その結果、昼休みに教師たちは教員室で雑談しながら、時を過ごす。この時間が教師相互の情報交換の場となる。

この給食に象徴されるように、アメリカの教師は職務が限定されており、学級での指導は熱心だが、修学旅行や運動会などの学校行事はない学校が多い。そして、勤務時間も最後の子どもが帰ってから一五（あるいは三〇）分と定められているので、三時過ぎに教師は学校をあとにする。

夏休みも、給料がでないのが原則だが、勤務から完全に解放され、完全な自由時間となる。実際に、アメリカでは野外活動指導者の資格を得て、夏休み中、キャンプ場で子どもの指導にあたっている教師は少なくない。ファミレスで働いている教師も見かける。そうした体験が人間としての幅を広げ、教師としての魅力を増す面もあるように考えられる。

④　個別指導が原則

アメリカの学校では授業時間に一斉指導の形態をとることが少ない。基本的には個別学習か学力や関心の同じ子どもたちが集まった小集団での学習が多い。「教える」というより「学習している」という感じで、そうなると、教師の役割は「子どもに教える授業者」というより、「学習の手助けをする援助者」になる。

⑤　指導のスペシャリスト

アメリカの学校では授業担当者と学校の管理者との役割とが明確に区分されている。教師は三〇代半ばで進路選択を迫られる。校長などの道を希望する者は大学院に進んで、教育行政などを研修することが必要になる。それに対し、担任として一生を授業に打ち込む教師もいる。それぞれの生き方の問題で、どちらの方が上とか下とかの意識はない。

アメリカの学校では、教員が①（学年担当）や②（同一校勤務）の条件の基に勤務しているので、個々の教師がきちんと守備範囲を守ってくれれば、安定した学校経営ができる。それに対し、問題の多い校長の許では、有能な教員が退職し、他校に移ってしまう。それだけに、有能な教師を集め、父母からの信頼をかちえるのが校長の仕事で、教師は経営から離れて、子どもの指導に全力を注げばいいことになる。

(3)　教師の類型

アメリカの教師をイメージして、日本の教師との比較を試みると、①から⑤のような違いが認められる。その他、この調査の対象となった他の都市でも、それぞれの教師の特色が認められる。

サンパウロの学校は、教室が少なく、七時、一一時、午後三時、六時の四部制が採用されて

表4　担任の授業

(%)

	東京	ソウル	北京	ミルウォーキ	オークランド	サンパウロ
先生の話を聞く	8.9	10.5	38.1	7.5	14.4	18.0
実験や観察をする	9.6	16.0	22.5	＊27.5	14.5	20.9
教科書を使う授業	＊21.7	＊25.4	36.8	20.6	10.1	＊37.6
小グループ学習	12.1	18.4	20.9	19.1	15.0	15.7
皆が自由に発表	16.9	22.3	＊48.5	20.2	＊16.5	33.9
個別学習をする	5.5	6.9	26.6	6.5	13.0	26.7

(「とても多い」の割合　＊はその都市内の最大値)

いるので、同じ教室は四回使われる。子どもは自分の授業時間だけ教室にいることができるが、他の時間帯の子どもがくると、教室を空けなければならない。そして、教師は一つの学校が終わると、別の学校へ行って授業をしていた。

ソウルの先生はかつての日本の学校のように権威を持って授業に臨んでいた。また、オークランドの先生は一人ひとりの子どもを見つめながら、ゆったりと指導しているのが印象的であった。

そうした状況を詳しくふれる余裕はないが、ここで、もうひとつ、子どもから見た授業の印象をまとめると、表4の通りとなる。

ソウルや東京、サンパウロの授業を特徴づけているのは教科書を利用した形態だった。教科書使用となると、教師が子どもたちに一斉授業をする形がうかんでくる。学習集団としてまとまった子どもたちに、知識を体系的に伝達する授業形態である。

それに対し、ミルウォーキーの授業は観察や実験が多く、オークランドは子どもたちが自由に話し合うことが多いという。一

図1　教師の類型

学校（学級）内

個人重視	④　カウンセラー型（ミルウォーキー）	①　講師型（東京）	集団重視
	③　ソーシャルワーカー型（北京）	②　保育士型（ソウル）	

学校外も

人ひとりの子どもたちが自分のペースで学習を進めていく学習形態である。一斉授業が少なく、個別学習の占める割合が高い。

この表3と表4とを交差させると、教師の類型として以下のような分類が可能となる。まず、①学級集団の中で知識を伝達する形で、これは知識や技術を教える講師のような「講師型」の教師である。そうした指導の対象が学校外に及び、集団指導の性格が強まると②「保育士型」のような教師になる。

そうした関心を集団でなく個別に指導できるようになると③「ソーシャルワーカー型」の教師が誕生する。また、ソーシャルワーカー的な雰囲気を残しながら、学級内に限定して、クライエントの個人生活を踏まえて指導するようになると、④「カウンセラー型」の教師になる。

そこで、仮に各都市の子どもたちの担任評価をこの類型に重ね合わせると図1のような、①講師型＝東京とサンパウロ、②保育士型＝ソウル、③ソーシャルワーカー型＝北京、④カウンセラー型＝ミルウォーキーとオークランドのような類型化が可能となる。

初等教育に限定すれば、教師の原型となるのは知識を伝達する型であろう。特に、経済的な効率を考えると、一斉授業の形が有効なので、①の「講師型」が多くなる。しかし、子どもが貧しかったり、生活面で問題が多いのが分かると、子どもの放課後に関心を持たざるをえない。そうなると、教師に②の「保育士」的な性格が増す。活動の場を放課後までに広げると、③の「ソーシャルワーカー型」になる。しかし、社会的な条件が整えば、子どもの一人ひとりに応じた対応が可能になる。そうなると、④の「カウンセラー型」の教師である。

これまで子どもの目から見た担任の分析を試みてみた。これとは別に、マクロな教育的な立場から、教師の本来の仕事とは何かを考えることも重要であろう。その中でも、教師が知識を伝達する役割を担うものなのか、それとも、子どもたちの学習態度を育てる存在なのかという問題が重要になる。情報化社会の到来につれて、学校は「知識の伝達型」から「問題解決型」への学習に性格を変えつつある。学校のそうした変化につれて、教師の役割も「講師型」から「カウンセラー型」への転換が必要となろう。

そうした観点でとらえた時、ミルウォーキーの場合、教師の役割が「カウンセラー型」へ傾斜するあまり、知識の伝達をやや軽視し、学力の低下が問題になりつつある。それに対し、東京は知識の伝達には優れているが、子どもへの個別の接触が少なく、子どもたちからの支持が低下している。それだけに東京の教師は「講師型」から「カウンセラー型」への転換が望まれよう。
こうした国際比較を通しても、日本の教師の課題が「子どもへの励ましや支え」であることが明らかになった。「カウンセラー型」の教師への脱皮が可能になれば、個々の生徒への対応が可能になるので、その結果、いじめや不登校も減少し、学校の再生も可能になるように思われる。そのためには、教師自身の意識改革が大事になるが、こうした観点からの考察は、終章で展開したいと思う。

参考文献

(1) 深谷昌志編『好かれる教師はどこが違う』明治図書、一九九六年。
(2) 関東の中学生約一一〇〇名、一九九五年一二月調査。「生徒と学級担任」『モノグラフ・中学生の世界』Vol. 53、ベネッセ教育研究所、一九九六年八月。
(3) 「第五回国際教育シンポジウム報告書」ベネッセ教育研究所、一九九七年七月。

第3章

子どもたちの心の内

第1節　人間関係の成長

1　身勝手な子どもたち

(1)　身勝手は成長の遅れ

身勝手な子どもが増加しているという。町中などで、自分勝手に大声を上げて話していたり、他人の迷惑などを考えないで群がっている生徒を見るにつけて、身勝手な子どもが多いだろうと納得できる反面、そう結論づける前に、「身勝手」とはどういう行動なのかを検討する必要を感じる。とりあえず、「身勝手な子」とは、他人の立場に思いを置かずに、自分の利害を優先する子どもを意味していよう。換言するなら、「身勝手」とは「自己中心的」と同意語で、自分の立場しか考えられない態度を表す。

こうした言い方をすると、「身勝手」に「わがまま」なイメージがつきまとう。しかし、発達的にとらえるなら、乳幼児は、本来、自己中心的な存在である。なにしろ生まれて以来、泣けば親があやしてくれるし、腰の回りの気持ちが悪くなればおしめを換えてくれる。そうした意味で、乳児は自己中心性を支えてくれる環境の中で成長している。乳児がかわいく、無力な存在なので、周りの者も乳児を身勝手と思わないだけで、実は自己中心的で身勝手なままで乳児は成長してくる。

しかし、子どもが幼児期になると、自己中心的な子が他者を配慮した行動をとれるように、自我を制限する方向でのしつけが始まる。親が「きょうだいは仲良くしなさい」とか「友だちにおもちゃを貸しなさい」、「それは友だちのものだから、我慢しなさい」などと、他者との関係を大事にしたしつけを行うのがその具体例になる。自分の周囲にたくさんの人がいて、自分を主張するだけでは場を共有できない。周りの人―多くは子ども―の気持ちと自分の気持ちとを勘案しながら、行動の仕方を決めていく。

こうした形で、成長するにつれ、いろいろな経験を重ねながら、子どもたちは自分を押さえて、周囲と協調した行動をとれるようになる。それが、成長の一つの側面であろう。

そう考えてくると、身勝手とは、乳幼児から身体面では子どもに成長したのに、精神面ではまだ自分のことしか考えられない幼児性を残している現れで、心の面での成長の遅れを意味していよう。

(2)　昔の子は人間関係の中で育つ

これまでの子どもたちは人間関係に取り巻かれて育ってきた。家庭では、両親の他に、きょうだいも多く、その上、祖父母も同居している。さらに、近隣の人との交流も密なので、子どもは多様な人間関係に囲まれて育ってくる。

なにより、きょうだいの数が多いから、きょうだいの中でいさかいが絶えない。年下の子は年上のきょうだいのいいつけに従わなければならないが、時には主張することも大事だ。自分が年上なら、年下のきょうだいの世話をやきながら、自分の立場を通していく。きょうだいの中で切磋琢磨しつつ、どの子どもも育っていったのである。

特に、日本は伝統的に子どもを大事にする社会で、多くの子どもは親の庇護のもとにかわいがられて育ったといわれる。それでも、江戸時代はむろんのことだが、明治や大正に入っても、家が貧しかったので、食べ物も十分でない場合が少なくなかった。学校に弁当を持っていけなくて、欠食した子どもの話は昭和一〇年代でも多くの学校で見受けられる。

それだけでなく、子どもは幼い内からさまざまな形で働いていた。小僧や子守りなどで他家へ奉公に行く子も少なくないが、家に残った子どもも、農業や家事の手伝いに駆り出された。長野県などで農繁期に学校が休みだったことも、子どもが貴重な労働力だったことを物語っているが、子守のために学校へ行けない子どもを対象として「子守学校」が各地で設置されたことも、史実の示す通りである。そうした中で、子どもたちは働き手として、親戚や近隣の人とふれあう。そうした中で仕事をすることを通し、人との接し方を覚える。こうした状況で育つと、人間関係を配慮した行動の仕方が身につくから、身勝手になるはずもない。もともと、小学校に入る頃から、子どもたちは地域の群れ遊び集団に加わるのが常であった。といっても、正式の成員でない「みそっかす」としての参加である。みそっかすは遊びの群れへの見習いの期間で、メンバーのように行動できなくてもいいが、見習い期間に、かくれんぼや鬼ごっこのルールを覚え、集団の成員としての行動のしかたを習得しなければならなかった。

小学三、四年生は群れ遊び仲間の中堅として、リーダーに従いながら、年下の子を守り、群れ遊びを支えていくのが役割となる。そして、上級学年になると、がき大将として集団を統率していかねばならない。

地域には街角ごとに遊び仲間が存在したので、集団相互の争いは日常的だった。それだけに、リーダーは相手集団から年下のメンバーを守る必要があった。集団の中で争いごとがあっても、他の群れに対しては、集団全員で立ち向かうことが大事になる。それに加え、遊び仲間はギャング集団といわれた通り、悪さをするところに特徴があった。それだけに、群れを通して、時には、集団で万引きに近い行為をくりかえすことも少なくなかった。したがって、遊び仲間は、学校の友だちのように、よい子の群れというわけにはいかない。しかし、子どもたちは地域での遊びを通して、すれすれの悪事を行う反面、弱い子を助けたりするなどの体験を積み重ねていった。

思い起こしてみると、遊び仲間を通して、かつての子どもは人とのつきあい方を覚えていった。具体例をあげるなら、「けんかをする時は飛び道具を使うな」、「インチキをするな」、「弱いものいじめは弱い子のすること」「ジャンケンの結果は神聖なもの」、「勝ち逃げは駄目」などである。そうした中で、身勝手な行為はわがままで、群れを乱す行為という感覚を身につけていった。

こう考えてみると、かつての子どもは家族そして遊び仲間、さらに、地域の中で人間関係にもまれ、集団内での行動を身につけて成長していった。そうした子どもは、集団内の行動を習得しているから、学校の中で「先生の教えを守る」や「学級の仲間と仲よく付き合う」などの行動をするのはそれほど大変でなかった。

(3) 孤独に慣れた成長

しかし、現代の子どもは、すでにふれてきているように、かつての子どもと比べ、人間関係にもまれることの少ない成長をたどっている。まず家庭についていえば、経済的に豊かになったので、子どもたちは安心して、家庭での毎日を送れるようになった。働くことはむろん、家事の手伝いもしないですむ。不足感を味わうことは少ない。さらにいえば、核家族が一般的な上に、きょうだいの数が少ない。兄と妹、あるいは、姉と弟の場合も、子どもは一人っ子的な育ち方をしていく。現代では家の中で人間関係にもまれることはまれになった。

そして、地域で群れ遊びをする子どもの姿が消えてから、三〇年近くが過ぎ、群れ遊びを知らない世代が親になり始めている。夕方の町はひっそりと静まりかえり、子どもの姿は見えない。子どもたちの放課後は塾や稽古ごとへ行く子どもか、家の中でテレビを見ている子どもかに二分され、ギャング集団は心理学の教科書にしか残っていない。子どもたちは友だちと群れる体験はさほど持っていない。それだけに、群れの体験はおとなの脳裏に残る郷愁の世界の出来事になりつつある。

そうなると、友だちとけんかをしたことのない子どもが育ってくる。争ったことがないのだから、人との折り合いのつけ方を知らない。身勝手と見える行為もそうした人間関係の未成熟さのもたらしたもので、本人たちは身勝手といわれても、いわれている意味がわからないかもしれない。

友だちを持たない子どもたちは、放課後、自分の部屋の中で一人きりでテレビゲームをしたり、マンガを読んだりして時を過ごしている。マンガに飽きれば、テレビがあるし、カセットで好きな音楽を聴くこともできる。ファックスで友だちとも連絡をとることもできる。

このように現代の子どもたちの周りには物言わぬメカニックな友だちがたくさん控えている。そして、テレビやテレビゲーム、ＣＤなどが、それぞれの特徴を生かしながら、退屈をまぎらわせてくれる。こうしたメカニックの友だちはボタンを押すだけで登場し、ボタンひとつで退場する。従順で、反抗することなく、仕えてくれる。したがって、子どもは一つのメカに飽きたら、次の友だちを呼び出せばよい。そうした生活に慣れると、生身の友だちとの付き合いは気を使う割にスムースに進まない。それならば、一人の方が気持ちが楽と、一人の空間の中に安住の世界を求めるようになる。

このように、現代の子どもたちは家の中でも人とのふれあいが少なく、放課後の友だちはなく、家の中でのメカニックな友だちとの世界に安らぎを求めている。こうした生活を送っていれば、他者とは無関係に、自分の関心のままにマイペースな行動をするのが当たり前になる。それが、おとなたちの目に「身勝手」と映っている可能性が高い。

2 友だちとの付き合い

(1) 友だちのいる生徒

それでは、子どもたちはどういうタイプの子を友だちとして持とうとしているのか。すでに、第1章の第2節で中学生の求める友だちの条件を紹介したが、中学生たちに、どういう友だちをどれ位持っているのかを尋ねると、表1のような結果が得られる。

「なんでも話せる友だち」がたくさんいる生徒が半数を超える。そうした反面、友だちがほとんどいない生徒が一割を超えるし、「いても二、三人」を加えると、友だちの少ない生徒は二割に迫っている。したがって、多くの生徒が友だちを持っているのはたしかだが、そうした反面、友だちを持てない生徒が一定の割合を占めていることも否定できない。

そこで、「なんでも話せる友だちがいる」ことの意味を考えるために、「友だちが一〇人以上いる」生徒を「(友だちの)いる群」、友だちが「いない」か「一人」を「(友だちの)いない群」として、両群の比較を試みてみた。

	いる群		いない群
運動部に熱心	二六・三％	＞	八・七％
勉強が得意	三五・一％	＞	二一・四％
友から信頼される	二九・一％	＞	一一・三％
気持ちの表現が下手	二五・九％	＜	四二・九％
頭痛がする	三〇・一％	＜	三七・四％

「友だちのいる群」の生徒は、部活に熱心に加わり、勉強も得意で、友だちからも信頼されているのに対し、「いない群」の生徒は気持ちの表

表1　友だちがいるか

(％)

	いない	1人	2.3人	5人くらい	10人以上
なんでも話せる友	8.3	3.2	14.1	20.3	54.1
放課後、遊ぶ友	9.7	4.8	28.3	26.8	30.4
ホッとできる友	12.3	9.7	32.4	22.3	23.3
帰宅後電話する友	21.7	8.1	40.3	15.2	14.7

現が下手で、体調もよくないという。友だちを持つことが生徒の自我像に深く関わっていることを示している。

(2) 友だちの条件

それでは、生徒たちの中で人気があるのはどういう生徒なのか。いくつかの属性を示して、どういう子と友だちになりたいかを尋ねると、表2の通りとなる。

友だちになりたいのは、「親切なのはもちろんだが、軽いノリのする、ジョークのうまい生徒」だという。話していて、ストレスを感じなくてすむ楽しい子と付き合いたい。それに対し、「がんばりやで頭のよさそうな子」は重々しくて、付き合う気になれないと、生徒たちは答えている。

第1章の第2節の冒頭で紹介した調査とここで引用している調査とは、サンプルも調査項目も異なっている。しかし、二つの調査とも、友だちにジョークさを求めている点では共通している。すでにふれたように、生徒たちは友だち付き合いをした

表2　友だちになりたい子

(%)

	とても	かなり	小計
ジョークがうまい	18.6	31.1	49.7
だれにも親切	17.4	30.4	47.8
軽いのりの子	13.7	25.0	38.7
リーダーシップがある	13.3	22.1	35.4
がんばりやの子	9.6	20.1	29.7
頭のよい子	8.3	16.9	25.2
新しいもの好き	6.2	10.9	17.1
先生から信頼される	5.5	9.6	15.1

表3　友だち関係で悩んだこと

(%)

	よく	時々	小計
どの友にもなじめない	1.9	6.7	8.6
仲間外れになる	1.4	9.3	10.7
親友といても疲れる	3.4	15.4	18.8
学級で自分を出さない	7.4	17.3	24.7
友の話についていけない	8.5	20.5	29.1
誰かが悪口をいっている	8.7	22.9	31.6

経験が乏しいので、付き合い方が分からない。そのため、相手の気持ちが気になる。「友だちが自分のことをどう思っているのか気になる」生徒は「とても」の一四・八%に、「かなり」の三〇・二%を含んで、四五・〇%と半数に迫っている。

中学生は友だちを求め、互いに友だちのことが気になっている。しかし、付き合い方が分からないから、互いの本心を隠しながら、軽いノリでたわいない話をし時間を過ごす。外見は盛り上がっているが、広く浅い付き合いで、心の友を持てないでいる。

それでは、学級の中で、友だちと嫌な感じを味わっているのであろうか。表3は友だちとの関係で嫌な感じを味わったのかを示している。「友だちになじめない」や「仲間外れになる」などの不安を抱いている生徒は多くはない。しかし、どの項目も「そう感じている」生徒が一割から三割に達する。したがって、友だち関係に不安を抱く生徒は予想される以上に多い。

このように、友だちを持ちたいが、友だちを持てない中学生がかなりの広がりを示している。

3 「切れる」と「むかつく」

(1) 「切れる」と「切れそう」

このように生徒たちは友だち付き合いが苦手なので、さまざまな形で友だち付き合いの歪みが生じてくる。このところ、すでに紹介した「身勝手な子」の増加以上に、「切れる」生徒の存在に関心が集まっている。なにかのきっかけで、感情の抑制がきかなくなり、理由もないのに友だちに暴力を振るったり、自分の頭を壁に強くぶつけたり、大声で泣き出したりする。いきなり感情が爆発する異様な行為なので「切れる」の言葉がぴったりあてはまる。

そうした切れる生徒に神戸のできごとがダブって映る。そうなったらどうしようと、心配になる。しかし、切れる生徒に対する対応の仕方が分からない。それが、「切れる」ことへの不安感を増幅させる。

中学生に「切れたことがあるか」を尋ねると、「何度も切れた」が六%、「たまに」の一七%を含めて、「切れた」子は二三%となる。もっとも、「(切れたことはないが)切れそうになったこと」は「何度も」が三一%で、「たまに」を含めると六六%に達する。そして、「切れそうになったことはない」は一一％である。

このように「切れそうになったが、切れない」と答えた生徒は七割に迫っている。生徒たちによれば、「切れそう」と「切れる」との間に距離があり、切れそうになるのは仕方がないにしても、切れてはいけないという。

「切れる」について、養護の先生から話を聞いた。「切れる」でイメージされる生徒は限られている。一学級に一人いるかどうかだという。

神戸のできごとがあった後、A少年の問題をどの程度一般化できるかが焦点になった。仮にA少年が「ふつう」といわれる生徒の一人なら、どの子にも同じ行為を犯す可能性がある。しかし、A少年が特異な性格の持ち主なら、少年の心理的な背景を探ることは大事だが、一般の生徒との関係はそれほど強くはないと思われる。

そして、現段階では、精神医学者を中心にA少年をサイコパス（特異な人格の持ち主）と見なす意見が強まっている。もちろん、問題が生じるごとにサイコパスを安易に適用することを避けたいが、かといって、特異な事例から一般的な教訓を得ようとしすぎるのも危険であろう。少なくとも、「切れる」生徒の多くが、すぐに神戸のような出来事を起こすとは思えない。しかし、「切れる」を自覚している生徒は一定の比率を占める。

(2) 友だちとの関係にむかつく

このように「切れる」は限られた生徒にあてはまるもので、多くの生徒は切れそうであっても切れることはない。といっても、「切れそう」のような不満や葛藤を感じているのはたしかで、そうした気持ちを生徒は「むかつく」の言葉で表している。

実際に「むかつくことがあるか」の問いに、「しょっちゅう」の三二%に「かなり」の五三%を含めると、むかつく生徒は八五%に達する。

なお、いくつかの場面を想定して、むかつくかどうかを尋ねると、表5のような結果が得られる。いろいろな場面でむかついているのが分かるが、「この頃で一番むかついたこと」を自由記述させると、「やろうと思っていた時に、母親から宿題をやったのといわれた」や「親友のはずなのに、他の子と親しく話ばかりしている」「他の子がやったことなのに、先生から厳しく叱られた」などと書かれていた。

自分の感情が無視されて、「不愉快になる」とか「気分を害

表5　どんなときにむかつくか

(%)

	とても	かなり	小計
テストで成績が伸びない	10.9	18.3	29.2
授業が分からない	12.7	21.4	34.1
親が気持ちを分かってくれない	19.0	33.2	52.2
先生から強く叱られた	24.8	38.1	62.9
学級で仲間外れになった	44.4	28.5	72.9
友からひやかされた	45.0	32.4	77.4
親友から嫌なことをいわれる	52.8	30.7	83.5
友が口をきいてくれない	55.1	40.4	95.5

する」のは分かるが、そうした状況を生徒たちは「むかつく」とよぶ。そして、自由記述の文面を見ると、昔の生徒ならそれほど感じなかったことでも、現在の生徒は傷つけられたと感じる割合が強い。そうした傾向は友だちを中心とした人間関係に顕著で、「傷つけられた」と書いた内容の四九％は学級の友だち、一八％は部活の友だちで、両者をあわせると友だちとの葛藤が七割に迫っている。

(3)　対応の仕方に違い

「むかついた時、むかつきの解消法」について、生徒たちに尋ねてみた。その結果によると、一位が「友としゃべる」の七八％、次いで「マンガを読む」の五六％、以下「ゲームをする」四八％、「ビデオを見る」四六％、「体を動かす」の四五％であった。中には「カラオケへ行く」二九％、「長電話をする」二三％、「ペットにあたる」九％などもあった。

むかついた時、生徒たちはそうした気分転換を試みながら、ストレスの発散に努めているのであろう。

「むかつく」はストレスのかかっている状態で、すでにふれたように、多くの生徒はストレスを感じてはいるが、だからといって、「切れる」ことはない。生徒たちも「むかつく」と「切れる」は区別している。そして、生徒たちは、切れる子どもの条件として、「好き嫌いがはげしい」や「感情を抑えられない」、「精神的に幼い」、「学級で孤立しがち」などをあげている。したがって、「むかつく」と「切れる」とでは対応の仕方が異なる。「むかつく」に対しては、学校そのものを充足感の持てる場に変えることも大事だが、それと同時に、友だちとふれる機会を多くする。そして、生徒たちの気晴らしの機会を意識的に取り入れることが重要であろう。

それに対し、切れる子どもは切れた時以外はふつうの子どもなので、切れた時の対応が重要になる。保健の先生の話によると、生徒が切れた時、「じっと握手をする」、「冷たい水を飲ませる」「肩を抱いて、深呼吸させる」などをすると、切れる徴候が治まる。そして、そうして切れた感情を収める仕方を身につけると、切れる回数が減ってくるという。そうした意味では、「切れる」については担任と保健室の先生との連携が必要となろう。

4 学級崩壊と子どもの身勝手

(1) アメリカの学級で

このところ、「学級崩壊」という言葉が流行っている。授業が始まっているのに、椅子に座らずにうろうろと歩いている子どもがいる。そうかと思えば、教科書を開くように指示しても、ぼんやりと教科書を閉じたままの子もいる。

「学級崩壊」とは、そうした「授業をしにくくなった」状況を意味している。そして、すでにふれたような身勝手な子の増加が学級崩壊を生み出しているように思える。たしかに子どもたちが変質してきて、授業をしにくくなった。しかし、考えてみれば、国語や算数の授業は先生の説明を黙って聞く時間が長い。その他の時間にしても、授業中は「じっと話を聞く」や「友だちの話に耳を傾ける」態度が必要になる。そうした意味では、子どもにとって、授業はがまんの連続で、思いのままにならない苦行の時間であろう。

これまでふれてきたように、かつての子どもはさまざまな形でがまんすることに慣れて育ってきた。そうした体験を持った子どもたちなら、少しくらい退屈であったり、苦痛であってもがまんすることができる。しかし、現在の子どもはがまんをしていないので、すぐに切れてしまい、自分勝手な行動にでる。

学級崩壊の背景にそうした子どもの変容が存在するのはたしかだが、そうした一方、欧米の学校と比較すると、これまでの日本の学校では秩序がとれすぎていたようにも思える。

アメリカの教育学者が来日した折に、日本の学校を案内した。授業を見た後で、印象を尋ねると、「教室が静かなのにびっくりした。すばらしい学習環境とは思うが、子どもたちが萎縮していて、刑務所みたいが感じがする」の感想が戻ってきた。

たしかにアメリカの学級を訪ねると、それぞれの子どもが自由に動き回っている。一斉授業はまれで、小集団学習や個別学習の形が多いので、どの子もじっと話を聞くのでなく、自分の課題に積極的に取り組んでいる。それだけに、教室に活気がある。

他の子どもが学習するのに妨げにならなければ、教室内で何をやっていてもいい。先生の話を聞く時も思い思いの形で、きちんと身を正してはいない。そして、教師は子どもの意欲や関心を伸ばすのに、心を砕き、なるべく枠にはめないようにする。アメリカの先生の指導態度にそうした子どもの自主性を尊重する子ども観が感じられる。

欧米の学級と対比させると、これまでの日本の学級では子どもが受け身で先生の話を聞く時間が長すぎた。それだけに、聞くのに疲れた子どもが動き回るのは無理もない。「学級崩壊」を嘆くより、「子どもは黙って話を聞く存在」と見るような子ども観を捨て、子どもたちの活動を積極的に奨励してはどうかと思う。それと同じように、「いうことを聞く子がよい子、反抗する子は身勝手な悪い子」という決めつけがあるのではないか。そうした意味では、身勝手な子という前に、子どもの個性を押さえてはいないかと、反省することも必要であろう。

さらにいえば、学級崩壊という現象に危機感を持ち、どうして、そういう現象が発生するのかを掘り下げて考えることが重要になる。その際、学級のふんいきの理想的な姿はどういうものなのか。あるいは、どういう学級に戻すのが理想なのか。学級の原点を押さえておくことが重要であろう。少なくとも、子どもたちがじっとしたままの、静粛な学級が理想でないことだけはたしかであろう。

(2) 人間関係を育てる教育を

学校の荒れはともあれ、子どもの身勝手さ話を戻すと、身勝手と個性とは重なり合う部分が多い。したがって身勝手を排除しながら、子どもをのびのびと育てることが大事であろう。そうした反面、これまでふれてきたように現代の子どもたちは人間関係の希薄な中で成長している。

子どもたちは楽しそうに話してはいるが、それは表面だけで、心の底にある悩みは友に話せないでいる。「親の仲が悪く、家の中が暗い」や「成績が下がって、望みの高校に入れそうにない」などの悩みを話せる友が「学級に一人もいない」生徒が三割を超える。

ここ一〇年、生徒指導の中心がいじめや不登校の状況が続いている。いじめの背景はさまざまであろうが、人間関係の未成熟さがいじめの底流にあるのはたしかであろう。いじめる子はいじめの限界が分かっていないし、いじめられる子はいじめにもろすぎる。そして、周りの子はいじめの止め方が分からない。それだけに、いじめに歯止めがかからずに深刻ないじめに進みやすい。それと同じように、それほどの理由がなくとも、ちょっとした人間関係のもつれから、不登校ぎみになる子どもが多い。

それぞれの子が自分のことしか考えられず、相手の身になれない。互いに身勝手なそうした関係が、切れる子を生み、いじめや不登校を増加させているのであろう。それだけに、子どもたちを密接な人間関係のネットワークの中で育てることが大事になる。人とのふれあいの観点から、子どもの成長をとらえ直してはどうか。特に小学生の場合は、放課後の群れ遊びを保証すると同時に、学校でも小集団を活用した学習の機会を増やす。そうした形で、人とふれあう機会が増加すれば、身勝手な子は減っていこう。身勝手な子の存在を人間関係の希薄さを示すシグナルと思って、少し期間をかけて、身勝手さの減少に心がけることが大事であろう。特に、中学生は時間に追われて暮らしているので、学校内のそれぞれの時間で、友だちと話し合う時間を確保することが重要になる。中でも、部活動の時間を友だちとふれあう機会として大事に活用することを望みたい。

参考文献

(1) 東京近郊の中学生約一六〇〇名、一九九七年二月調査。「学校内の人間関係」『モノグラフ・中学生の世界』Vol. 57、ベネッセ教育研究所、一九九七年九月。

第2節　保健室通いをする子どもたち

1　保健室の利用

(1)　「ふつうの子ども」が問題を

本章の第1節でふれたように、神戸で中学生のできごとが発生した時、この事例の意味するものは何かが問題になった。しかし、全体として、A少年の事件を安易に一般化するのは危険との意見が強かった。しかし、その後、中学生が教師を刺したり、ナイフを持った中学生が警官を襲うなどのできごとが平成九年の秋から一〇年にかけて続発した。

事件があった学校の校長の話によれば、教師を刺した中学生は目立たないふつうの生徒だったという。その他の事例でも「ふつうの生徒」が問題を起こしたと伝えられることが多い。

ベテランの養護の先生に話を聞くと、ふつうの生徒が何かのはずみに「切れて」とんでもない惨事を引き起こすように見える。切れてしまうと、顔の表情が変わり、ブレーキが利かなくなる。そうした切れる生徒は一、二学級に一人程度だが、たしかに切れる生徒はこれまでの非行へ走る生徒ともいじめに加担する生徒とも違い、内気で目立たない生徒が多いという。

授業中に、「答える時はきちんと姿勢を正して」というと、すぐにむかつく態度をとるし、「提出物は期限内に提出して」と注意するとむかつく表情を見せる。そうしたむかつきはどの中学生にも認められるが、時によって、思わぬ程のあからさまな嫌悪感を示し、反抗的な態度をとる。

これも、養護の先生から聞いた話だが、そうした反面、切れる生徒は一見ふつうの生徒に見えるが、それは表面的な見方で、見る目があれば、ふつうと思われる生徒の心に深く病んだ部分があるのに気づく。そうした意味では、切れやすい生徒は限定できるという。

そうした生徒たちの状況に対し、学校としてどう対応したらよいのか。担任の教師は子どもたち一人ひとりの心をとらえて指導すべきだというのは正論であろう。しかし、教師は中学なら教科の指導があるし、小学校でも全教科の指導がある。もちろん、その教師が学級担任なら、授業の他に、たくさんの子どもや生徒を指導する仕事をかかえている。さらに、中学の場合、教師には部活動の指導者としての役割が加わる。それに加え、さまざまな会議や公務の雑用もある。

したがって、そうした仕事に多くの時間をとられ、個別への対応をしたくても、時間をとれないのはたしかであろう。もともと、担任の教師は教科指導の専門家で、生徒指導のスペシャリストではない。

困ったことに、切れる子どもに象徴される難しい子どもの指導は熱意さえあればできるという性質のものではない。切れた生徒を「切れるのは駄目」と叱ったとしても逆効果であろう。また、いじめについても、いじめている子やいじめられている子にどう声をかけたらよいか。問題を抱える生徒を指導するには、それなりの専門的な知識や技法が必要となる。

授業に取り組むのにそれなりの教材研究や授業方法の工夫が必要なように、生徒指導にも生徒への接し方から声のかけ方まで、専門的な技能が求められる。しかし、ふつうの教師はそうしたキャリアを踏んでいないので、個々の教師の頑張りには敬意を払いたいが、残念ながら、多くを期待しにくい。そして、現実的な対応として、子どもたちが心の問題を語り、癒してもらう場として、保健室の持つ意味はきわめて大きい。

(2)　保健室のイメージ

保健室の先生はさまざまなタイプの生徒に向かいあっている。もちろん、保健室の先生の本来の仕事は生徒の体の状態を守ることで、心の面での対応は付随的な問題であろう。しかし、体より心が傷ついた生徒が保健室を訪れるようになり、保健室の先生は、生徒の心の問題に詳しくならざるをえなかった。保健室の先生はさまざまな生徒に接しながら、手探りの形で、いじめや不登校への対応の仕方を身につけたというのが現状であろう。

そうした保健室の先生の話を聞くと、どの学校でも、いじめや不登校などが増加し、心の指導が重要になりつつある。しかし、保健室だけで、心に問題を抱える生徒の対応は困難なので、心身の問題をかかえた生徒たちを学校としてどう支えたらよいかが論議されている。その具体策として、スクール・カウンセラーの導入や保健室の充実が学校の課題になりつつある。

それでは、実際にどの程度の生徒が保健室へ行くのか。保健室利用の割合は保健の先生のあり方によって異なってくるが、ここで紹介しているサンプルの場合、保健室利用の割合は以下の通りだった。

保健室利用の割合

行ったことはない	五七・一％	
月に一回程度	二五・一％	三七・一％
月に二、三回	一二・〇％	
週一程度	三・四％	五・八％
週一以上	二・四％	

このサンプルの場合、保健室へ週に一回程度定期的に通う生徒は五・八％である。四〇人学級なら少なくとも一人が保健室の常連という計算になる。したがって、保健室の常連は決して多いとはいえないが、少数の例外的な存在にとどまらないこともたしかであろう。

さらにいえば、月に二、三回保健室に顔をだす生徒も一二・〇％で、この準常連を含めると、保健室ファンは二割に近い。これに、月一回程度の生徒が加わると、保健室の周辺にいる生徒は四割を上回る。となると、通常考えられている以上に、生徒が保健室を身近に感じていることが分かる。

それでは、生徒たちはどんな時に保健室に行くのか。生徒たちによれば「ケガをして体調が悪い時」が第一位で八二・五％（「とても」「わりと」行く割合）、次いで、「睡眠不足で眠い時」の三六・九％、さらに、「授業がいやな時」の二八・七％、「なんとなく学級に居にくいから」の二〇・九％と続く。前の二項目は保健室本来の役割であろうが、後の二項目は現在の保健室らしい利用理由である。

このように、生徒たちはそれぞれに理由があって保健室に行っているのが分かる。なお、生徒たちが抱いている保健室のイメージは次頁表1の通りである。

生徒たちの保健室に対するイメージは「とても清潔」が四七・三％、これに「とても静か」の四二・九％が加わる。この「清潔で静か」は保健室本来のイメージであろう。そうした一方、

「とても」に「わりと」を加えると、生徒の反応が四割を超える項目は「一人ひとりを大事に」(六五・一%)、「居心地がいい」(五九・七%)、そして、「明るく」(四九・〇%)、「心が安らぐ」(四二・六%)であった。保健室は、生徒から「心が安らぎ、居心地がいい」安息の場という感じを持たれている。そうしたイメージを持っているので、生徒たちは、教室で疲れたり、不安定になった時、安らぎを求めて、保健室を訪れるのであろう。

(3) 保健室の先生への評価

このように保健室は生徒から安息の場というイメージが持たれているが、それでは保健室の先生に対して生徒はどのようなイメージを持っているのか。まず、「健康に詳しい」(九一・〇%、「とても」「わりと」そうの割合)、次いで、「明るい」(八四・三%)、「成績のことをうるさくいわない」(七九・八%)、「話しやすい」(六九・

表1　保健室のイメージ

(%)

	とても	わりと	小計	あまり	ぜんぜん
清潔	47.3	41.1	88.4	9.0	2.6
静か	42.9	36.5	79.4	15.8	4.8
一人ひとりを大事	25.9	39.2	65.1	23.4	11.5
居心地がいい	25.6	34.1	59.7	29.7	10.6
明るい	11.3	37.7	49.0	40.9	10.1
心が安らぐ	13.8	28.8	42.6	39.3	18.1
行きやすい	14.1	22.9	37.0	37.2	25.8
集まりやすい	12.9	21.7	34.6	32.1	33.3
病院のよう	10.0	22.2	32.2	48.9	18.9
悩みを話しやすい	7.4	17.5	24.9	39.3	35.8

六％）、「悩みを聞くのがうまい」（五八・九％）である。

このように、保健室の先生が健康に詳しいのは当然であろうが、その他の面を含めると、生徒の抱く保健室の先生のイメージは「成績のことをうるさくいわず、明るく、話しやすく、悩みを聞くのがうまい」となる。

こうした保健室と保健の先生のイメージとをダブらせてみると、「明るく居心地のよさそうな部屋に、うるさいことをいわずに話を聞いてくれる先生がいる」のが保健室のイメージである。

このように保健室は生徒からくつろぎの場としてのイメージを持たれている。しかも、保健室への評価はイメージだけが先行しているのではない。

生徒たちに、保健の先生からどれ位認知されているのかを尋ねてみた。

名前を知っているだろう　四九・五％
何年何組かは知っている　三・四％
学年位は分かるだろう　二〇・三％
顔に見覚えがあるだろう　一七・六％
知らないだろう　九・二％

保健の先生は「自分の名前を知っているだろう」と思う生徒は四九・五％と、半数に達する、というだけでは、数値が高いかどうか分かりにくい。このサンプルの中学の場合、在籍生徒は平均して三九八名だった。したがって、保健の先生は三九八名の半数、一九九名の名を覚えている計算になる。

今回の調査に協力してくれた保健室の先生たちに調査結果を見せて、「生徒の名をどれ位知っているか」を尋ねてみた。中学のサイズにもよるが、ほとんどの先生は「名前だけなら、七割位分かる」と答えてくれた。生徒が思っている以上に、保健室の先生は一人ひとりの生徒を見つめている。

なお、「名前を知っている」と思える割合を学年別に調べると、中一の三五・二％から中二の五一・二％、そして中三の六三・二％へと増加している。入学したばかりの中一はともあれ、中二や中三の半分以上の生徒の名前を保健室の先生はカバーしている。

もちろん、保健室の先生でも放っておいて生徒の名前を覚えられるわけはない。生徒を覚える努力をしているようで、机に生徒の名簿をしまっておき、時間があれば生徒の顔と名前を確認している。あるいは、顔写真つきのカードを持っていて、覚えたらファイルからはずす形で、生徒の名前を覚え、知らない生徒の数を減らしているなどと、保健室の先生が語っていた。そうした努力の結晶が生徒の認知率の六割以上という結果になったのであろう。

「保健室の先生は秘密を守ってくれるか」について、生徒たちは

絶対秘密を守ってくれる　　　二四・三％
たぶん秘密を守ってくれる　　五四・九％　小計　七九・二％
たぶん秘密を守らないだろう　一二・六％
絶対秘密を守らないだろう　　八・二％　小計　二〇・八％

のように、ほぼ八割が「秘密を守る」と評価している。生徒からすれば、保健の先生は口が堅いと思うから、他ではいえないことを語るのであろう。

実際に保健室の先生は生徒の秘密を守っているようだが、そうなると、保健室で知ったことをどこまで担任や校長に知らせるのかが難しい問題として登場してくる。異性との親しい付き合いやいじめや万引きの話を聞く度に、それを担任に通報していたのでは、生徒は保健室の先生を信用しなくなる。かといって、悪質ないじめや度のひどい万引きをそのまま自分の胸にだけ納めるのでは、学校としての必要な対応が遅れがちになり、教師として失格になる。それだけに、保健室で生徒から聞いた情報を胸の中にしまっておくのが原則だが、実際には、どこまでキープし、どこから通報するのかが、教師としての難しい問題となる。

2　保健室に対する信頼

(1)　保健室を利用する生徒たち

これまでふれてきたように、生徒たちによれば、保健室は居心地がよく、保健の先生はうるさいことをいわずに、悩みを聞いてくれる上に、秘密を守ってくれる。保健室は生徒からそうしたよいイメージが持たれている。そうであるから、冒頭の数値のように、五％以上の生徒が常連になり、多くの生徒が保健室予備軍になっているのであろう。

もちろん、そうはいっても半数以上の生徒が保健室へ出入りしていないのもたしかだ。そこで、あらためて、どういう生徒が保健室へ通っているのかを確かめることにした。生徒たちを「保健室に行ったことのない」者（五七・一％）と「月に二、三回以上」（四二・九％）とに分けて、属性を洗い出してみよう。

	保健室に行かない群	通う群
「学校に行きたくない」と思う		
そう思い、学校を休みがち	二・八％	七・九％

表2　生徒の悩み×保健室へ行く回数

（%）

	行かない	月一回	月二、三回	週一以上
授業が分からない	29.8	39.3	39.4	42.6
友とうまくいかない	25.7	30.9	32.3	35.7
家の人の仲がよくない	13.5	16.9	21.1	28.1
友からいじめられている	10.2	11.9	14.0	22.6
先生とうまくいかない	10.1	12.8	10.8	20.0

（「とても」「少し」悩む割合）

そう思うが、登校はする	二〇・四%	三〇・七%
小　計	二三・二%	三八・六%

このように、保健室へ来ている生徒は学校を休みがちな生徒が多い。というより、学校に楽しみを見いだせずに、学校を休みがちな生徒が保健室に惹かれるのであろうか。さらにいえば、生徒の抱く「悩み」と保健室へ行く回数との間に、表2のような関係が認められる。

「授業が分からない」を例にすると、保健室に来ない生徒でも二九・八%が「分からない」と答えている。しかし、週一回以上保健室に姿を見せる生徒の場合、「分からない」割合が四二・六%と四割を超える。それと同じように、保健室に来ている生徒は「友だちといさかいがある」も、保健室に行かない生徒の場合は二五・七%にとどまるが、「週一回以上」保健室へ行く生徒が「友だちとうまくいかない」は三五・七%と、三分の一を超える。さらに、「家の中が不仲」や「先生とうまくいっていない」など、保健室に行く生徒は、それぞれの理由で悩んでいる割合が多い。

したがって、生徒たちは保健室へたんなる遊びや気晴らしの感覚で来ているのでない。それぞれの生徒がさまざまな悩みを抱えながら、保健室へ顔を出す。保健室へ行くと、そうした気持ちを癒してくれる感じがする。保健室の常連にとって、落ち込みがちな気持ちを救ってくれる場が保健室なのであろう。

そして、「(悩みを話したら)保健室の先生は秘密を守ってくれそうか」について、保健室へ「行ったことのない」生徒がそう思う割合は二一・三％(「きっと守ってくれる」割合)にとどまる。そして、「月一回程度」だと二二・一％、「月に二、三回」は三二・三％となる。さらに、「週一以上」保健室へ行く生徒は四七・〇％とほぼ半数が、保健の先生は秘密を守るだろうと信じている。

保健室の常連は屈折した悩みを抱えていることが多い。そうした生徒から信頼させているあたりに保健室の評価の高さが感じられる。

(2) 学校による開き

実をいうと、今回の調査は東京都下の五中学で実施された。そして、保健室に通う生徒の割合は、個々の中学によって、かなりの開きが認められた。そこで、A中学からE中学まで保健室に出入りする生徒の割合を学校のサイズなどに関係させて要約すると、表3のようになる。

表3によれば、A中学のように「週一回以上保健室に通う」常連の生徒が全体の〇・二％と、

表3　学校による保健室利用の状況

(%)

	A	B	C	D	E
週1回以上通う割合	0.2	1.0	5.1	7.1	8.6
月1回以上通う割合	23.2	34.5	53.9	44.6	48.2
学級数	12	9	9	14	18
生徒数（名）	450	300	300	500	650
保健室教員の勤続（年）	12	14	7	23	11
カウンセリング歴	初級	中級	なし	初級	上級

保健室にほとんど生徒を見かけない状況も認められる。その反面、E中学のように保健室通いする生徒が八・六%と、生徒が押し寄せる事例まである。

仮に常連を人数で押さえるなら、A校は生徒数が四五〇名なので保健室の常連は〇・二%で一名となる。それに対し、E校は生徒数六五〇名の内、常連は八・六%の五六名となる。D校も常連は三六名となるが、B校は三名にとどまる。

したがって、A校やB校のように保健室に二、三名の生徒の姿しか見かけない学校もある反面、D校やE校のように何十人の生徒が押し寄せ、保健室に生徒が入りきれない学校もある。

そこで、A、B校とD、E校との開きがどうして生じたのかが気になる。D校やE校はA校やB校より生徒数が多いことはたしかだが、それだけが、原因とは思いにくい。

まず、学校によって問題を抱える生徒が多いのではないか。「友だちとうまくいかない」を例にすると、A校＝二九・一%、B校＝三〇・一%、C校＝二四・〇%、D校＝三〇・八%、E校＝

二九・八%（「とても」「少し」そうの割合）である。「友だちとうまくいかない」と思う生徒の割合がもっとも高いのがD校の三〇・八%、低いのがC校の二四・〇%と、その差は六・八%にすぎない。

もう一つ、「家の中がうまくいっていない」割合はA校から順に、二二・九%、一四・三%、一四・一%、一九・七%、一二・一%となる。ここでも、数値の高いのがD校、低いのがE校で、D校とE校との差は七・六%である。

このように見てくると、それぞれの学校によって開きが認められるものの、問題を抱えている生徒の割合はそれほど多くはない。したがって、A校やB校は問題を抱える生徒が少ないから保健室利用が少なく、D校やE校は悩みを抱える生徒が多いから利用者も多いといえないことが分かる。そうなると、保健室の先生のタイプや運用の仕方が常連の多い少ないにからんでくるように思われる。

そこで、保健室のイメージを学校別に調べてみた。

	A校	B校	C校	D校	E校
明るい	三五・九%	四一・一%	三八・〇%	五五・七%	七七・八%
居心地がいい	四九・一%	五一・五%	六一・二%	六〇・五%	七二・四%

（「とても」「わりと」そうの割合）

表4　保健の先生のイメージ×学校

(%)

	A校	B校	C校	D校	E校
母親のよう	15.6	14.7	15.3	39.9	45.3
悩みを聞くのがうまい	28.9	58.4	37.3	77.4	87.7
話しやすい	35.8	71.9	59.3	83.9	93.7
健康に詳しい	83.5	96.1	81.6	96.8	95.1

五校の中で、保健室がもっとも「明るく」(七七・八%)「居心地がいい」(七二・四%)と思われているのがE校、次いでD校となる。それに対し、「明るさ」(三五・九%)や「居心地」(四九・一%)が低いのがA校である。このように、保健室に生徒たちが集まるD校やE校は、A校やB校と比べ、保健室が「明るく、居心地がいい」というイメージが持たれている。

さらに、保健室を預かる先生のタイプは、表4のように、学校によりかなりの開きが認められる。

生徒たちはC校の八一・六%からD校の九六・八%まで、保健室の先生については、いずれも「健康に詳しい」と評価している。そうした中で、常連の生徒の多いD校とE校の先生に特徴的なことは「悩みを聞くのがうまく」(E校は八七・七%だが、A校は二八・九%にとどまる)、「話しやすく」(E校は九三・七%で、A校は三五・八%)、「母親のようだ」(同じく、四五・三%と一五・六%)である。

したがって、D校やE校が特別に問題の生徒を抱えているから保健室の常連が多いのでなく、保健の先生が親しみやすく話しやすい。だから、保健室へ行って話を聞いてもらおうというので、生徒が顔を出すのであろう。そして、D校やE校では常連でない生徒も、機会があったら保健室へ行ってみようかと思う。そうした形で、保健室のファンが増加する。

それに対し、A校やB校の保健室の先生も生徒から健康に詳しいと思われている。したがって、保健室の機能は果たしている。しかし、保健室の先生はやさしく話を聞くタイプでないと、生徒から思われている。そのため、病気の時以外に生徒が訪ねることはない。それが、保健室の常連が一％にとどまる背景であろう。

そう考えてくると、D校やE校では保健室が心身に不安を訴えている生徒たちにとっての安息センター的な機能を果たしているように見える。体というより心に傷を負った生徒が傷を癒すために保健室を訪れる。もちろん、保健室は主として生徒の体のケアをする場で、心への配慮をするのが保健室の仕事なのかという問題がある。しかし、悩みを抱えたり、落ち込んでいる生徒が多く、そうした生徒が保健室に顔を出す。心の問題に対応できる場を保健室以外に学校内に見いだしにくいので、とりあえずの緊急避難先として保健室がそうした生徒を受け入れることになる。

そして、D校やE校では保健室が悩みを語る場として機能しているので、生徒は悩みを保健室で語り、カタルシスができるので問題を深刻化しないですむ。しかし、A校やB校では、保健室が機能していないので、生徒の問題が顕在化せず、多くの生徒は、表面的にはおだやかに学校生活を送っている。しかし、生徒たちの鬱積した気持ちは底流のように学校の中に渦巻き、こうした学校では突発的に大きな問題が起きる可能性が高い。

(3) 保健室の働き

心身ともに不安定な中学生が少なくない。それにもかかわらず、生徒にとって学校が居心地のよい場になっていない。というより、学校は生徒たちに緊張感を味わわせる場になりがちだ。それだけに、生徒たちが充足感を持てる場に学校を変えていくことも大事であろう。そうはいってても、とりあえずの対応策として、生徒たちが安心して話ができる保健室のような場が必要なこともたしかであろう。

D校の先生は生徒が切れた時は何もいわずにじっとその生徒を抱きしめ、時間が過ぎるのを待つという。保健室に清涼飲料水を冷やしておき、切れそうな生徒が来ると、冷たい飲料水をグラス一杯飲ませて、一呼吸おくのはE校の先生である。

こうした方法をとると、切れる生徒がそれ以上の行為へ走るのを防げる。D校やE校の先生は切れた生徒の犯した事件について、あの中のかなりの部分は保健の先生がしっかりしていればある程度まで防げたはずと語っていた。もちろん、切れる生徒の指導が保健室の主な仕事でないから、すべての学校にD校やE校のような指導を望むのは無理な注文のような気がする。

この他、D校の保健室の先生は、生徒一人ひとりのカルテを作り、フロッピーに入れてデータを管理したいと思った。そこで、五〇歳近くなってからパソコンを習ったという。そして、E先生はここ数年毎夏休みを臨床心理のサマーセッションにあてている。時間的にも、経済的にも負担が多いが、生徒を自信を持って指導するために、必要な費用投下だと思うという。こうしたD校やE校の先生のような努力が生徒の救いになるのであろう。

こうした努力している熱心な先生がどの保健室にもいて欲しいと思う。しかし、D校やE校の先生は意欲的で、努力型の権化みたいな先生だから、その先生を基準に生徒の心の安定を考えるのは妥当であるまい。

どの中学校にせよ、生徒の不安定な気持ちが広がっている。しかし、現在は保健の先生が一人なので、生徒の問題に対応できないことが多くなる。健康診断の手伝いをする。あるいは、他校の先生と生徒指導上の打ち合わせをする。そして、性教育の授業をする。そうした時、保健の先生が一人だと、保健室を閉めなければならない。保健室のドアはいつも開けておきたいのに、閉める時間が多くなるのが気がかりだという。

そこで、学校全体として、生徒指導にどう取り組むかは本格的な問題として、とりあえずの対策として、①保健室の先生を複数配置する。あるいは、②保健の先生の専門性を高めるために自主研修を大幅に認める。そして、③行政区内の学校との保健室関係のネットワークをこれまで以上に緊密にして、問題を地域として対応する力をつけるなどの対策が望まれよう。そうした形で、保健室の機能を強め、担任を中心に、保健室の先生と連携しつつ、生徒の悩みに対応する体制を作り上げることが、これからの学校の大きな課題となろう。

参考文献

「居場所としての『保健室』」『モノグラフ・中学生の世界』ベネッセ教育研究所、一九九七年二月。

第3節　規範感覚の崩れ

1　逸脱に対する感覚

(1)　非行の始まり

子どもたちを見ていると善悪の基準が揺らいできた気がする。もっとも、規範感覚の崩れは子どもに限られていない。というより、高校生や大学生たちの乱れの方が激しいようにも思う。街頭にべたりと座り込んで仲間としゃべる。あるいは、駅のホームで恋人と抱き合い、キスをくり返す。シャツをだらしなくズボンの上に出す。あるいは、援助交際という名の性を安易に切り売りする女子高校生などが、その具体例になる。

そうした若者を見ていると、彼らがルール破りや非常識を自覚しながら、逸脱行為へ走って

表1　非行の始まりか

(%)

	とても	かなり	小計
学校でガムを食べる	23.4	37.5	60.9
制服の丈を直す	16.3	29.3	45.6
机や椅子に落書き	13.9	28.0	41.9
遅刻が多い	8.6	24.4	33.0
靴のかかとをつぶす	7.7	21.8	29.5
教科書を学校に置く	5.9	10.9	16.8
忘れ物が多い	3.1	5.2	8.3

いるのか、それとも、そうした逸脱感覚なしに異様な行動をくり返しているのかが気になる。仮に高校生が、型破りだと自覚した上で変わった行為をしているのなら、いずれノーマルに戻る可能性がある。しかし、逸脱という感覚なしに、している行為が逸脱しているとしたら、逸脱度が激しい。というより、若者たちの間には、おとなの社会の規範は古くさく無視していいという思いがあり、反おとな的な行為をすることが高校生らしさだと感じる気持ちが根強いのではないか。

もしかしたら、高校生だけでなく、中学生たちも善悪の規準が崩れ、悪を悪として感じていないのではないか。そこで、中学生たちにいくつかの項目を示して、それを非行の始まりと思うかどうかを尋ねてみた。結果を示すと表1の通りとなる。

この結果にどういう感想を持つかはそれぞれの立場によって異なろう。「遅刻が多い」を非行化の始まりと思う生徒は三三・〇%、そして、「忘れ物が多い」が非行の兆しと感じる生徒は八・三%と一割を下回る。

「遅刻」や「忘れ物」はともあれ、「制服の丈を直す」を「非行化の始まり」と感じている生徒は四五・六％と、五割を下回る。仲間を見ていると、制服の乱れがそのまま非行へ連なることは少ないと、実状を知った上での感想なのか、それとも、感覚そのものが麻痺して、少々のことでは非行と思わないのか。このデータだけでは判断を下せない気がする。

(2) 逸脱行為の体験

そこで、中学生たちに逸脱行為と思われる項目を示して、そうした体験をどの程度行っているかを尋ねてみた。中学生が「学校でガムを食べる」や「制服を直す」などの行為を非行化と思わないなら、当たり前のように、そうした行為をくり返そう。しかし、非行と感じているなら、行為をしないのではないか。そう考えての設問である。

表2に示したように、逸脱経験は「学校に教科書を置

表2　逸脱行為の経験

（％）

	いつも	時々	小計
学校に教科書を置く	32.8	20.1	52.9
リップクリームをつける	29.7	32.1	61.8
靴のかかとをつぶす	8.0	24.1	32.1
ゲームセンターに行く	3.9	36.4	40.3
鞄にシールをはる	2.1	4.9	7.0
用もないのに保健室へ	1.1	6.1	7.2
深夜の街をふらつく	0.7	5.2	5.9
たばこをすう	0.5	1.2	1.7
万引きをする	0.2	0.7	0.9
部分パーマをかける	0.1	0.4	0.5

表3　逸脱感覚の推移

(%)

	平成7年	昭和62年	差
学校に教科書を置く	52.7	25.9	26.8
リップクリームをつける	61.8	27.0	34.8
靴のかかとをつぶす	32.1	24.2	7.9
ゲームセンターに行く	40.3	17.6	22.7
鞄にシールをはる	7.0	5.4	1.6
用もないのに保健室へ	7.2	4.7	2.5
深夜の街をふらつく	5.9	1.8	4.1
タバコをすう	1.7	1.6	0.1
万引きをする	0.9	1.6	0.7
部分パーマをかける	0.5	0.2	0.3

(「いつも」「時々」した割合)

いておく」などのように「時々している」ものと「万引き」のように「まったく位していない」項目とに二分される。「たばこをすう」や「万引き」のような悪質な逸脱行為をしている生徒はさすがに少なく、一％前後にとどまる。しかし、「ゲームセンターに行く」や「靴のかかとをつぶす」などの逸脱度が軽度の行為をしている割合は高く、三割から四割に達する。

もっとも、「靴のかかとをつぶしてはく」のは見よいものではないが、かといって、逸脱行為とよぶのは言葉がきつすぎよう。それだけに、表2だけでは規範感覚が崩れたかどうか明らかでない。

第1章の第3節では中高校生の意識が一〇年位の間にどう変化したのかにふれた。そこでは、三領域に対象をしぼって考察を加えたが、規範感覚についても、昭和六二年に、すでにふれた調査とは別の調査を試みているので、八年前と比較して、どの程度逸脱の感覚が強まったか確かめてみた。

昭和六二年と平成七年との差が示すように、ほとんどすべての項目で昭和六二年より逸脱行為をする割合が増加している。「ゲームセンターに行く」を例にすれば、一七・六%から四〇・三%へ二二・七%も「している」生徒が増えている。八年前より、ゲームセンターへ行くことへの抵抗が減ったのであろう。

その他の「深夜の街をふらつく」や「用もないのに保健室へ」も、それほど割合は多くなってはいないが、それでも体験率が高まっている。したがって、現代の方が、悪に近いものに生徒が警戒心を持たなくなり、そうした環境に近づきやすいのはたしかであろう。

(3) 規範感覚の推移

これまでふれたように中学生は悪質な逸脱行為をしている割合は少ないが、軽度の逸脱行為は非行化に関連しないと思っている。そして、逸脱行為へ走る割合は、数年前より増加している。そこで逸脱行為をしているかどうかはともあれ、逸脱行為を悪いと思う感覚がどうなっているのかを尋ねてみた。逸脱行為に対する生徒たちの意識は昭和五七年と比べ、以下のように変化している。

昭和五七年	平成七年	差

タバコをすう	七九・七％	＞	六五・一％	一四・六％
傘の無断借用	八二・三％	＞	七四・四％	七・九％
上履きの無断借用	七六・三％	＞	五四・〇％	二二・三％
かるくパーマを	六三・七％	＞	四七・六％	一六・一％
決まりより太いズボン	四九・三％	＞	三二・六％	一六・七％
子ども料金で電車	二五・六％	＞	一六・二％	九・四％
自転車の二人乗り	一四・八％	＞	六・七％	八・一％

（「とても」「かなり」悪いと思う割合）

この結果は一目で明らかであろう。「喫煙」から「自転車の二人乗り」までのどの項目についても、平成七年の中学生は昭和五七年と比べ、「悪い」と思う割合が低下している。喫煙を例にとれば、昭和五七年は七九・七％が悪いと思っていたのに、平成七年になると「悪い」と思う割合が一四・六％下がって六五・一％となる。

昭和五〇年代の中学生は「悪いことだ」と思っていた行為を、現在になると、中学生が「それほど悪くはない」と感じるようになったのであろう。それだけ、規範感覚が崩れてきたのは否定できないように思われる。逸脱行為は年齢によって意味が異なる。飲酒や喫煙が未成年に認められないことが、その具体例となる。そこで、そうした行為をすることが「中学生として悪いと思うか」を尋ねてみた。すでにふれた表1は「非行の始まりか」だが、表4は「中学生として悪いことか」を問題にしている。

この調査結果は以下のように三分してとらえられよう。

①とても悪いこと＝「悪いと思う」割合が八割を上回り、逸脱行為という感覚が定着している＝万引き、タバコ、自転車借用

②やや悪いこと＝「悪いと思う」が三割から五割くらいで、「悪いこととは思うが、それほど悪くはない」＝飲酒、盛り場、部分パーマ

③あまり悪くない＝「悪いと思う」が二割以下で、「悪いと思えない」＝ゲームセンター、靴のかかと、鞄にシールなど

さすがに中学生は「万引き」や「喫煙」は悪い。そして、「飲酒」や「パーマ」は悪いと思うが、

表4　中学生として悪いことか

(%)

	とても	かなり	小計
万引きをする	82.3	11.0	93.3
タバコをすう	76.7	12.0	88.7
他人の自転車に乗る	62.1	23.3	85.4
家で飲酒する	38.1	21.0	59.1
深夜盛り場を歩く	37.3	25.7	63.0
部分パーマをかける	19.9	25.2	45.1
学校へマンガ持参	10.7	19.6	30.3
用もないのに保健室	8.4	16.0	24.4
ゲームセンターへ行く	8.0	11.4	19.4
靴のかかとをつぶす	5.6	10.3	15.9
鞄にシール	3.3	3.7	7.0
学校に教科書を置く	2.5	4.8	7.3

程度はひどくない。しかし、「保健室」や「靴のかかと」は悪くないと思っている。規範感覚は善悪についての基準の問題なので、時代や社会によって感覚は異なってくるし、人によっても何を悪いと思うかに開きが認められる。

2 校則への感覚

(1) 必要なきまりか

このように現代の中学生たちが持っている善悪に対する判断がゆるやかになり、多くの行為を悪いと思わなくなったのはたしかであろう。そうした感覚の中でも、生徒なりに、善悪の基準を持っているのはたしかであろう。それが、どの程度のものなのかが問題になる。

中学生にとって、もっとも身近な規範感覚の問題は校則に関するものであろう。生徒たちにいくつかの校則を示し、回答選択肢として、①「必要な決まり」、②「無意味だが、(決まりを)守るつもり」、③「無意味だから守らなくていい」、④「決まりをなくすべきだ」の四つの分類を提示して、生徒たちの気持ちを尋ねてみた。

仮に校則についての生徒たちの評価が納得できるものなら、規範感覚の基準が変化しているように思えても、生徒なりの規準を持っているのであるから、それほど気にしなくてよいことになる。

表5に結果を示したが、「必要とは思わないが、守るつもり」を含めて、半数以上の生徒たちが「必要な決まり」と思っている項目は「一礼して職員室へ」の七一・〇%、「髪を染めないで」の六四・三%、「ワイシャツは白」(六六・七%)や「放課後の在校は許可制」(五三・八%)などとなる。

そして、「鞄は指定されたもの」(四二・三%)や「ワッペンをつけない」(四〇・一%)などの規定も四割以上の生徒が守るつもりだという。そうした中で、生徒たちが「なくした方がいい」という決まりは「髪は黒いゴムで結ぶ」(「なくすべきだ」が五二・二%)や「男子の丸刈り」(七三・二%)などに限られている。

表5　校則への評価

(%)

	必要な決まり	守るつもり	守らない	なくすべき
職員室には一礼して	37.2	33.8	15.1	13.9
髪を染めないで	35.0	29.3	15.8	19.9
ワイシャツは白	29.9	36.8	17.8	16.5
放課後の在校は許可	23.4	30.4	22.1	24.1
鞄は指定されたもの	13.9	28.4	22.5	35.2
ワッペンをつけない	12.3	27.8	30.8	29.1
靴下は黒	6.2	23.9	30.9	39.0
女子の髪は肩まで	5.6	22.4	34.2	47.8
髪は黒いゴムで結ぶ	3.3	17.8	26.7	52.2
男子の丸刈り	1.4	8.1	17.3	73.2

(2) 規範意識の推移

もちろん、生徒たちの校則に対する評価は一昔前と比べると、批判的な態度が目につく。昭和五七年との比較を試みてみよう。

	昭和五七年	平成五年	差
職員室には一礼して	二三・一％	二九・〇％	五・九％
髪を染めないで	一四・二％	三五・七％	二一・五％
ワイシャツは白	三〇・六％	三四・三％	三・七％
放課後の在校は許可	四四・七％	四六・二％	一・五％
鞄は指定されたもの	五〇・七％	五七・七％	七・〇％
ワッペンをつけない	四七・五％	五九・九％	一二・四％
靴下は黒	五七・八％	六九・九％	一二・一％
女子の髪は肩まで	五六・六％	七二・〇％	一五・四％
髪は黒いゴムで結ぶ	六四・〇％	七八・九％	一四・九％
男子の丸刈り	六一・九％	九〇・五％	二八・六％

（「守らなくてよい」「なくすべき」の割合）

「髪を染めないで」は「守らなくてよい」し、「なくすべき」と考える生徒は一四・二％から三五・七％へ、二一・五％も増加している。そして、「髪は肩まで」や「丸刈り」など服装や髪などの規定についても「つまらない規定はやめて欲しい」と思う割合が増加している。しかし、「ワイシャツは白」は三〇・六％から三四・三％へ三・七％増、「放課後の在校は許可」も一・五％増など、重要な決まりと思える項目についての評価は、昭和五七年と比べあまり変化していない。

正直にいって、「ワイシャツは白」や「職員室には一礼して入室」などは規則としての意味を失っているように思う。それにもかかわらず、生徒たちは規則を守るつもりと答えている。

こう見てくると、生徒たちの感覚が昔と異なることはたしかだが、それなりの健全さを保っている。そして、校則についても、現在の生徒なりに、けじめを持っているように見える。生徒たちを信頼すれば、それほど心配する必要はないように思われる。しかし、学校があまりに硬直化していると、生徒たちの不満感が強まる。そして、時には、校則を無視したり、反発したりする。そうした意味では校則の改定などにあたって生徒の意識に沿った柔軟な対応が望まれよう。

3　いじめと規範感覚

(1)　いじめるといじめられる

規範意識と関連するものとして、いじめの問題がある。「いじめ」はよくないことという規範感覚がしっかりとしていれば、いじめが深刻化することはないと考えられる。しかし、いじめがなかなか減少しないということは、いじめに対する子どもたちの規範感覚が崩れている可能性が高い。

いじめの概念は分かりにくいが、その中でも、①「ふざけ」と「いじめ」、「いじめ非行」との分かれ目がわかりにくい。②「いじめる」と「いじめられる」との境目がはっきりしていないことなどが、いじめ問題への対応を困難にしている。③いじめは、学級でも、教師のいない時にインフォーマルな場面で発芽する。④いじめられることに対する感覚に個人差が大きい。

そこで、「いじめる」と「いじめられる」との関係を調べると、以下のようになる。

	何度も	かなり	小計（何度もかなり）	少し	ない
いじめた	二・六％	四・六％	七・二％	三六・六％	五六・二％

いじめられた　五・〇%　六・八%　一一・八%　三三・四%　五二・八%

「いじめた」と思っている生徒が七・二%で、「いじめられた」が一一・八%で、それだけに、いじめが少数の例外的な現象でないことが分かる。そうはいっても、「関係のない」生徒も少なくない。

そこで、生徒全体の中で、いじめを算出してみると以下のようになる。

		いじめた		
		何度もいじめた	少し	まったく
いじめられた	何度もいじめられた	一・七% Ⓐ	四・四%	五・七% Ⓒ
	少し	二・四% Ⓑ	一七・四%	一三・七% Ⓓ
	まったく	三・〇%	一四・八%	三六・九% Ⓔ

（全体の中での割合）

「いじめにもいじめられにもまったく関係していない」生徒が三六・九%と四割に迫っている。そして、はっきりといじめた、いじめられたと自覚のある子どもは、生徒全体の二割以下にとどまる。

そこでもう少し、「いじめ」と「いじめられ」との関連にこだわってみると、全体を、①何度も「いじめ・いじめられ」一・七%（Ⓐ）、②「いじめてはいるが、いじめられていない」

五・四％（Ⓑ）、③「いじめられていて、いじめていない」一〇・一％（Ⓒ）、④「いじめやいじめられに少し関係している」四五・九％（Ⓓ）、⑤「いじめやいじめられにまったく関係していない」三六・九％（Ⓔ）と要約できる。

そこで問題になるのは、「いじめられてばかりいる」一〇・一％の生徒と「いじめてばかりいる」の五・四％の生徒がどういう属性の持ち主なのかであろう。

(2) いじめられるタイプ

そこで、「いじめられる」と「いじめる」生徒の自己評価がどう変わるのかを確かめてみた。「不良っぽい」から「成績がよい」などの一五項目を提示して、その中で、「何度もいじめた」生徒と「まったくいじめたことがない」生徒との自己評価に着目して、差の大きな項目を拾い出してみよう。

いじめている生徒	何度もいじめた	少し	まったく
ユーモアのセンスがある	五〇・〇％	三〇・九％	二三・九％
運動神経に優れている	五四・七％	三九・三％	三三・五％
クラスの人気もの	二九・三％	一二・九％	一〇・二％
不良っぽい	二六・四％	六・五％	三・七％

（「とても」「少し」そうの割合）

いじめている生徒は「不良っぽいかもしれないが、ユーモアのセンスがあり、運動神経に恵まれ、クラスの人気者」というように自分を評価している。それでは、いじめられている生徒の自己像はどうか。

いじめられている生徒	何度もいじめられた	少し	まったく
友だちがたくさんいる	三六・九％	五五・〇％	六五・五％
友だちから信頼されている	四一・五％	六四・九％	七〇・三％

（「とても」「少し」そうの割合）

いじめられている生徒は、「友だちが少なく、友から信頼されていない」と自分を評価している。

こう見てくると、いじめについてイメージされるのと異なり、いじめている生徒は元気いっぱいなタイプで、いじめられている生徒は友だち付き合いの少ないタイプということになる。

生徒たちの未来像に関連させていじめの問題をとらえてみよう。

	何度もいじめた	まったく	何度もいじめられた	まったく
望みの大学進学	五二・九％	三三・八％	四七・三％	三八・六％
望みの仕事につける	三四・〇％	二六・七％	二八・八％	一九・八％
社会的に尊敬される	五一・九％	四五・六％	三九・六％	四三・八％

（「きっと」「かなり」そうなるの割合）

この場合も、いじめている生徒たちは大学進学や仕事についても、いじめたことがない生徒より、明るい見通しを持っているのが印象的である。

いじめている生徒にガキ大将的なイメージがうかんでくるが、逸脱行為の経験はどうか。

	何度もいじめた	まったく	何度もいじめられた	まったく
学校へマンガ持参	四一・五％	一九・九％	三六・六％	一七・五％
タバコをすう	一三・四％	〇・六％	四・八％	一・六％
万引きをする	一一・六％	〇・六％	二・〇％	一・六％

（「いつも」「ときどき」する割合）

「何度もいじめられている」生徒も逸脱傾向が認められるが、それでも、「なんどもいじめている」生徒に特徴的なことは逸脱的な非行体験の多さであろう。したがって、いじめている生徒は元気がよくて意欲的だが、非行傾向が強いのもたしかであろう。

そこで、規範感覚といじめとの関係を調べようとした。具体的には、「万引きをする」や「家でタバコをすう」「靴のかかとをつぶしてはく」などの二四項目を示して、「そういうことをするのが、中学生として悪いことか」を尋ね、それと、いじめとの関連を確かめてみた。

	何度もいじめた	まったく	何度もいじめられた	まったく
タバコをすう	四〇・四%	六八・九%	六六・三%	六四・六%
家で酒を飲む	二一・二%	四六・七%	四五・三%	三九・七%
深夜盛り場を歩く	二五・〇%	四〇・一%	四七・一%	三四・九%
部分パーマをかける	二一・六%	二六・一%	三三・七%	二三・六%

（「とても悪い」と思う割合）

この結果の中で、二つの傾向が目につく。

①「何度もいじめられている」生徒は「タバコをすう」や「家で酒を飲む」などについて「とても悪い」と思う割合が高い。

②「何度もいじめている」生徒は「飲酒」や「深夜盛り場を歩く」などを「とても悪い」と思う生徒が少ない。

このように、いじめられている生徒は「喫煙や飲酒はよくない」というような規範感覚をきちんと持っている。それに対し、いじめている生徒は規範感覚が希薄なように思われる。

そこで、もう少し校則との関連を確かめてみよう。

	何度もいじめた	まったく	何度もいじめられた	まったく
鞄は指定のもの	三七・九%	五四・四%	五三・一%	五〇・五%

男子の靴下は黒	一八・八％	三一・〇％	二九・八％	二三・三％
女子の髪は肩まで	一八・九％	三〇・五％	二五・〇％	二二・九％

（「必要なきまり」「必要と思わないが守る」割合）

ここでもこれまでと同じに、①「何度もいじめられている」生徒は校則を守ろうとする割合が高い。②「何度もいじめている」生徒は校則に否定的で、校則を守ろうとしないのが目につく。

したがって、こうした傾向をまとめるなら、いじめられる生徒＝まじめに校則を守り、善悪の規準をしっかり持っている。いじめている生徒＝意欲的だが、非行化傾向も持っているとなる。

いずれにせよ、規範感覚についてのこうした調査を行ってみると、生徒たちの感覚に崩れが認められ、自分本意で身勝手と思う面が少なくない。しかし、全体としては、予想されるよりはるかに健全のように思える。したがって、学校では生徒たちを信じ、もう少し、生徒の自主性を尊重して、健全な感覚を伸ばす努力が望まれよう。それと同時に、いじめがちな生徒を説教したり、罰しても問題の解決にならない。そうした生徒の中に意欲的なエネルギーが感じられるので、そうした力を学校生活の中で活用する方策を考えよう。そうした一方、いじめられがちな生徒は、融通が利かない面もあるが、きちょうめんできちんとした生徒なので、そうした生徒が校内でのびのびと暮らせるような学校作りを心がけることも大事であろう。

参考文献

「規範感覚」と「いじめ」『モノグラフ・中学生の世界』Vol.54、ベネッセ教育研究所、一九九六年一〇月。

終章　生きるための教育

1　子どもの権利条約との関連の中で

(1)　課題が見えにくい

日本の子どもたちの現在をとらえようとする時、「子どもの権利条約」をめぐる論議は参考になるものが多い。

もっとも、「子どもの権利条約」と問われて、「聞いたことがあるけれど、関係がなさそうなので、関心はない」が大方の感想であろう。教育関係者で子どもの問題に関心がある者でも、「子どもの権利条約は発展途上の社会の子に大事だが、日本の子は恵まれているから、関係はない」と答える人が少なくないように思われる。

子どもの権利条約についての日本の批准は遅れたが、平成六年（一九九四年）の五月に発効することになった。その際、批准にともなう国内法の整備が問題になった。しかし、日本は子どもを取り巻く条件が整備されているので、批准したからといって、特に法的な整備を行う必要はないというのが、政府筋の公式の見解だった。

たしかに、ユニセフの「世界子ども白書」などを手にすると、発展途上社会の子どもの問題として、児童売買や貧困による病弱死、児童労働などがとりあげられている。そして、そうした社会で、基礎教育を終えることなく、労働に追われている子どもが少なくない。

こうした場合、子どもの権利条約批准を契機として、世界的な規模で、児童売買の禁止や児童労働の解消、そして、基礎教育期間の無償教育の実現などを求めるのは意義の深い運動であろう。

現在では、日本の子どもは貧困と無縁のように思われる。しかし、歴史的にとらえた場合、初等教育レベルでの就学が定着したのは、明治三〇年代に入ってからだが、その後でも就学できない子どもが少なくなかった。そして、大正から昭和にかけて、貧困のため就学のできない子どもが多く、子守学校や夜間小学校が盛んだったのは教育史の示す通りである。

第二次大戦後でも、働く子どもの姿はまれではなかったし、学校へ来ても昼食代や教科書代を払えない子どもがかなり多かった。そして、曲がりなりにも、どの子どもも、働くことなく、就学できるようになったのは、東京オリンピックが開催された頃からであろう。

それから三〇年以上を経て、発展途上の社会を基準にした尺度で計ると、日本の場合、子どもの権利はかなりのレベルまで保証されているように見える。児童売買や幼児や児童への性的な虐待、年少労働などは見られないからである。

そのため、子どもの権利条約を通して、子どもの何の権利を保証すべきなのか。課題が見えにくい社会のように考えられる。

(2) 現代の視点に立った課題の摘出

そこで、観点を変えて、現代の視点から、子どもの問題を考えてみよう。子どもたちを取り巻く物質的な環境は改善された。しあわせなことに、日本の子どもたちは飢えや渇きと無縁な育ち方をしてきた。不足感を味わったこともない。

それならば、子どもたちはしあわせなのか。かつての不幸な状況が解消されたことはたしかだが、新しい問題が発生している。考えてみると、子どもたちは現在に生まれ、今の社会の中で生活をしている。それだけに、かつての子どもと比べて、現代がしあわせな暮らしだからといわれても、子どもたちは実感を持てないと思う。

権利条約は、条約の締結だけで終わり、実行が形骸化されないように、条約の締結から二年以内に第一回、そして、それから五年ごとに実行の状況を国連に設置された子どもの権利委員会に提出し、審査を受ける制度がとられている。

第一回報告批准後二年たった一九九八年、日本が提出した報告書に対し、国連の子どもの権利委員会は、権利条約に対する日本の取り組みは不十分との判定を下した。そして、四二項目にのぼる改善の観点を指摘している。これらの項目の中には、日本の状況に則さないと思われる内容も含まれているが、生徒たちが受験のストレスにさらされているだけでなく、学校が閉鎖的で、子どもの自主性を損なっているなどの指摘には納得のできるものを感じる。

日本ではそれほど病理に感じてはいないが、国際的な基準にてらすと問題が明らかになる場合もあろう。そうした意味で、権利委員会の指摘は、日本の子どもの状況を判断する一種のリトマス試験紙的な重みを持っていよう。

現代の子どもの状況を過去と比較して問題が減ったというのでなく、現代の視点に立って、子どもたちのしあわせを疎外しているものは何かと考えてみる態度が必要になる。豊かで平和な情報化社会の到来は子どもたちにしあわせをもたらしたのか。

情報化社会を例にとれば、子どもたちの世界は飛躍的に広まった。テレビは地球上のできごとを瞬時に伝えてくれる。もちろん、ニュースだけでなく、テレビを通して音楽などの情操も身につけられる。したがって、テレビに代表されるメディアが子どもに快適な生活をもたらしたのはたしかであろう。

そうした反面、多くの問題も生じている。有害なビデオや過激なマンガなどの弊害は目につきやすいのであらためてふれるまでもない。その他にも、子どもには魅力的すぎるテレビゲームのソフト、そして、便利な携帯電話の普及、安く利用できるカラオケなどを数え上げていくと、情報化の到来が子どもを商品流通の過程に巻き込んだのを感じる。

なにしろ、子どもにとって、魅力のありすぎるメディアが周囲にありすぎて、子どもは誘惑に曝されている。それだけに、メディアと子どもとのスタンスをどうとるのが望ましいかが問題になる。

有害なビデオや過激なマンガを例にすると、それらを規制するのはいいが、「有害」のとらえ方によっては、表現の自由を制限する動きになる。実際に、有害の範囲は人によってかなりの開きがある。一口に規制といっても、公的な規制から業者の自主規制、さらに、有害を決める委員会の構成などと、検討を必要とするテーマはさらに広がってくる。

インターネットの開発も、子どもがどのページにも入り込んでいいのかという問題が生じてくる。そうした形で、新しい社会では、かつての社会で考えることのなかった新しい課題が登場する。

したがって、少なくとも日本の場合、過去に基準を求めるのでなく、現代の子どもの状況を正確にふまえて、子どものすこやかな成長を損なう要因を摘出する必要があろう。

(3) 顕在的な課題と潜在的な課題

日本の場合、子どもの生存権がおびやかされているといえば、何よりも、「いじめ」が連想される。下火になったといっても、いじめられて死を急ぐ子どもは決して少なくない。その背後に、死までいたらなくとも、苦しい思いで毎日を送っている多くの生徒の姿が浮かんでくる。

児童虐待は欧米に多く認められるが、日本では事例が少ないといわれてきた。しかし、日本でも、虐待が増加傾向を示しているだけでなく、表面化しない暗数は表面化したものをはるかに上回るといわれる。

こうした状況に対応して、虐待を受けている子どもを虐待から切り離すことやいじめられている子どもをいじめから解放することが、とりあえずの課題としてうかんでくる。

これらは見えやすく、緊急的な対応が望まれる課題であろう。そして、子どもの権利条約に関連させて、子どものしあわせを保証するための課題としたいのはこうした緊急的な問題に限られていない。

一例をあげるなら、すでに第1章第3節でふれたように、学習塾通いする子どもは小学高学年生の約五割、中学生の七割に達する。塾通いの背景はともかく、小学生は学校の授業が終わってから塾へ行くので、放課後友だちと遊ぶ時間がとれない上に、生活のリズムが崩れる。なにしろ、塾から帰るのが遅くなるので、夕食が遅くなり、テレビを見たり、復習をしたりしていると、就寝が一二時を過ぎる。

そうした生活が続くと、翌朝まで疲れが残り、食欲が落ち、学校へ行っても授業に集中できない状況になる。中学生は部活が終わってから塾へ行くので帰宅はさらに遅れる。その結果、一二時過ぎまで起きている生徒が半数を超える状況が生まれる。

　こうした状況についての検討はすでに指摘した通りだが、誰も望ましいとは思っていないが、塾通いが慢性化し、通塾率は高まるばかりである。

　塾通いの他にも、群れ遊びをする子どもの姿が見えない、自然と接点を持たずに子どもが成長している、テレビに象徴されるマスメディアに囲まれ成長に歪みが認められる、学校に充足感を持てない子どもが少なくないなど、子どもの成長にとって気にかかる現象は少なくない。問題を感じつつも、状況が慢性化して、意識化しないと問題の深さが分からなくなる。そうした潜在化した形の、しかし、どの子どもにも関連する問題が認められる。

　したがって、緊急度の高い顕在化された問題に早急に対応すると同時に、慢性化して広範に及ぶさまざまな問題に対しても、子どものすこやかな成長を願うという立場で対策を講じる必要があろう。

(4)　発達段階を踏まえて

　子どもの権利条約では、子どもを「保護の対象」から「権利行使の主体」に位置づけるという子ども観の転換を求めている。そして、「権利行使の主体としての子ども」の提唱をコペルニクス的な転換と高く評価する向きも少なくない。

この子ども観の転換を巨視的に見れば、正当なものであろう。近代化の流れの中で、人種や性を超えて、すべての人の平等が認められてきた。子どもだけが、例外であっていいわけはない。子どもたちも、その子なりの意見を持っている。そうした意見を表明し、決定できる権利を、おとなたちと同じように、子どもも持っているのである。

そうはいうものの、具体的なレベルに話が進むと、疑問がうかんでくる。人はすべて平等であることは認めるが、子どもは親などの保護がなければ成長がおぼつかない。さらにいえば、子どもはいろいろなことを学んでいる人たちで、おとなと対等ではない。そうした面を考慮すると、子どもの権利条約の指摘は理想に過ぎるという批判が生まれる。そうした批判は、この主体性の過大評価に根ざしている。

仮に九歳の子どもを権利行使の主体とみなし、学習内容の決定を子どもに任せるべきというのは子どもの発達をふまえていない暴論であろう。かといって、一六歳の高校生が自分で学習内容を決定するのは、きちんとした指導のもとでは、むしろ望ましい行為であろう。

こうした事例から明らかなように、子どもをとらえる目を「保護の対象」から「権利行使の主体」へ転換するといっても、それは子どもの年齢によって異なる。乳幼児から児童期の前期にかけては子どもは保護する対象であろう。しかし、児童期の後期から青年期になるにつれて、子どもは権利行使の主体性としての性格を増す。

したがって、子どもを一律的に権利行使の主体というのでなく、子どもの発達段階に応じて、主体性を増すととらえるのが妥当であろう。

一九九八年から九九年にかけて、生徒指導のあり方を考えさせられるできごとが続発した。これまでのいじめや不登校に加え、高校生では高校中退、中学生はキレる子現象、小学生は学級崩壊と、学校段階ごとに問題が生じている。

これらは、子どもたちの対人関係の未成熟さを底流にして問題が深刻化している。現代の子どもたちは友だちと群れて遊んだことがないので、たがいに友を求めながらも、友との距離の保ち方が分からずに、ちょっとしたことから緊張感が高まり、トラブルが生じる。

こうした人間関係の持ち方を育てるためには、小学校、中学校、高校生と子どもの発達段階に応じた指導が必要になる。それと同じように、子どもの権利意識を育てる場合でも、学校段階をふまえ、それぞれの学校段階で、主体性を認め、育てる態度が重要になる。

(5) 自己決定力を育てる

日本は伝統的に子どもをかわいがる文化を持っていたといわれる。幕末から明治初年にかけて来日した多くの外国人が、日本の赤ん坊の笑顔が印象的だった、あるいは、子どもの元気な姿に驚いたと書いているのはよく知られた事実であろう。

欧米では伝統的に子どもは罪深い存在とみなされてきた。キリスト教的な原罪の思想から発する性悪説である。子どもを放置しておけば、野生のままの問題児になってしまう。きちんとしたしつけを通して、子どもは人の子となる。それだけに、欧米の子どもは、幼い内、親から厳しくしつけられるのが常であった。そして、子どもはいずれ家を出て、自立する存在として、成長につれて、自主的な判断を持てるように育てられる。

それに対し、日本の子どもは性善説をふまえ、善なるものとしてとらえられてきた。「朱に交わって、赤くなる」ことはあっても、それは、悪い友の影響であって、慈しんで育てれば、どの子どももすこやかに育つという考え方だ。

欧米で児童虐待があれだけ多いのに、日本で虐待の事例が少ない背景にそうした文化的な違いが感じられる。日本の子どもを慈しむ文化は、日本が貧しい社会であった状況では、子どもは親に安心して依存できるので、子どもがすこやかに育つ母胎であった。子どもはいずれ厳しい世の中に出て、苦しい思いをする。だから、せめて家庭にいる間、愛情をかけようという考え方である。

日本が豊かな社会になり、子どもは中学や高校に入るのはむろん、高等教育に進むのも当たり前になりつつある。それにもかかわらず、子どもは慈しみの対象であって、子どもは高校生になっても親に依存し、親頼りの生活を送っている。その結果、自立が遅れる。

子どもを保護の対象とみなすのは、子どもが幼い内は決して誤っていない。欧米の親子関係と対比した時、乳幼児期については、親の愛情に包まれている分、日本の子どもはしあわせなように思われる。しかし、中学生から高校生になっても、子どもを保護の対象としてとらえると、子どもの依存心が強まり、自立する力が育ってこない。

依存から自立へのスイッチの切り替えが遅れ、子どもが自立できないでいるのは家庭だけの問題でない。欧米と比べると、学校での子どもの扱いも、子どもを保護するだけで、自立心を育てようという風土に乏しい。

日本が子どもを保護する面で特性を持つ社会だけに、子どもたちの自己決定力を社会的に育てる態度が必要であろう。子どもは幼いから適切な判断を下せないといっていると、いつまでたっても責任を持って判断を下せる子どもは育ってこない。

子どもの自己決定力を認めて、権利を主張すると同時に責任も背負う若者を育てる。子どもの権利条約に関連して、日本の子どもが、自分の行動に責任も持てる自立した存在になれば、二一世紀の日本に明るい希望を託すことができる。そのためには、家庭と学校、地域とが足並みを揃え、そして、幼児から高校生までを視野に入れて、子どもの自主性を育てるためのグランド・プログラムの設定が望まれよう。

2　子どものすこやかな成長を促すプログラム

(1)　成長の課題

子どもの権利条約に関連させて検討したように、それぞれの社会にはそれぞれの子どもの課題があった。そして、日本の子どもたちの課題は他の社会の課題と異なっている。

これまでの章で紹介してきたように、子どもたちはこれまでとまったく異なる環境の中で成長している。したがって、これまでの子どもの成長を前提として、子どもの教育を論じても、有効な対策となりえない。成長の過程そのものが変わっているのであるから、そうした状況を踏まえての課題の摘出が必要になる。

それでは、現代の子どもの成長は、かつての成長とどこが異なっているのか。これまでふれてきたことを、つきつめていえば、現在の成長の問題を以下の三点に要約できよう。

①　間接体験の肥大化――直接体験の世界を

現代の子どもは、電子メディアに囲まれて生まれ、育ってくる。画面の内容を理解できれば、幼児でも外国の情報を吸収できるし、パソコンを開いてクリックすれば必要な情報を入手できる。

かつての子どもが直接体験の世界で暮らしていたのと対比すると、直接体験が激減し、間接体験が肥大し、そのバランスが大きく崩れている。具体例をあげるなら、天気図は読めるが冷たい風に一五分ふれたことがない。あるいは、蟬の種類や生態のメカニズムに通じてはいるが、蟬に触ったことがないなどとなる。

これまでの社会では、子どもが直接体験を積むのを前提として子ども論が交わされてきた。しかし、地域に子どもの姿がなく、家庭でも子どもは子ども部屋にこもっている。生の世界にふれる機会はきわめて少ない。そうなると、子どもの成長に応じて、それぞれの時期に生の体験をつませることが大事になる。

②　人間関係の過疎化——人とのふれあいを大事に

かつての子どもたちは、家に祖父母がおり、きょうだいの数も多かった。地域に出ると友だちがいるだけでなく、近所のおとなもうるさかった。人々の中に囲まれて子どもは育っていた。それだけに、どの子どもも人との付き合い方を身につけていた。

そうした成長と比べ、現代の成長を象徴するものは人間関係の過疎化であろう。核家族化や少子化の影響を受けて、家族の人数が減った。それに加え、子どもたちは群れ遊びをしていない。学校では授業の合間でないと友だちと話せない。そうなると、成長するまでに子どもが接する人は家庭で父母ときょうだい、学校で担任と学級の友だち、中学に進んで部活関係者、さらに、けいこごとや塾でのふれあいなどに限られてくる。友だちだけでなく、人とのふれあいがきわめて乏しいのが現代の成長であろう。

人とふれあっていない子どもが、学校に入るとたくさんの子どもと集団生活を始める。そうだとすれば、学校に不適応を起こす子どもが少なくないのも当然のように思われる。

どんな世の中でも、社会の基本は人間関係であろう。それだけに、自然な形で多様な人と接し、人とのまじわり方を身につけることが重要になる。

③　受身の情報受容——自発的な探索を

テレビを初め、現代の子どもたちは情報に囲まれて成長している。自発的に求めなくても、情報が飛び込んでくる。受身の形で情報を受容するスタイルである。これまでの社会では情報は貴重なもので、学校へ通わないと情報を入手できなかった。しかし、情報があふれてくると、情報の伝達源としての学校の意味が薄れてくる。そうした反面、情報を取捨選択し、自分の視点から適切な情報を選択する態度が必要になる。

もちろん、これまでの社会では身の回りにメディアがないから、知識を記憶することが大事だった。しかし、現在のように、情報を身近にファイルできるシステムが整備されてくると、記憶する必要が少なくなる。あやふやな記憶より、ファイルを探索する方がはるかに正確な情報を入手できる。

もう少し一般化した指摘をするなら、知識を覚えるのでなく、情報を弁別し、情報を自分のものにする技法が大事になる。

(2) 学校教育の終焉

子どもたちの成長スタイルが変わった。そして新しい課題が生まれてくる。そうした子どもの変化に現代の学校はきちんと対応しているのであろうか。

子どもたちは一日の大半を学校で過ごしている。その学校の置かれている状況も大きく変わり、学校がかつてのような機能を果たしにくくなった印象を受ける。その変化を大きくつかんでみよう。

① 学校が地域の情報センターであった時代は終わった

基礎教育段階の学校は、多くの社会で、一九世紀に登場し、社会的な制度としての機能を果たし始める。子どもたちに一定レベルの知識の習得を求める機運が社会的に強まったのを背景として、子どもに効率よく知識を伝達する機関として定着したのが学校だった。

特に日本の場合、学制を契機に登場した「学校」は、急速な西欧化を進めるために、土着の寺子屋的な教育を払拭する感じの学校だった。

明治の前半を考えるなら、当然のことながら、テレビやラジオはない。それに、多くの家には、新聞はむろん、本が一冊もないのが当たり前だった。そうした状況の中で、西欧文明を教えてくれる地域の拠点が学校だった。学校へ通って、子どもたちは和算の代わりに洋算を身につけ、地域の地理の代わりに、日本や世界の地理を覚えていった。師範卒業の教師は地域の人が持っていない西欧の知識を身につけたインテリだった。

しかし、現在では新しい情報はテレビを通して家の中に入ってくる。電話もあれば、ファックスもある。新しい情報は子どもの周りに充満している。残念ながら、学校には新しい情報伝達のセンターはなく、むしろ、情報という意味では後進地域化している。

② 知識や技能の有効期間が短縮され、学校教育の意味が薄れてきた

かつての社会では獲得した知識は、その人の生涯に役立つと思われてきた。知識の体系が変動しないし、価値観も安定していたので、学んだものが大きく変わることは少なかった。知識としての有効期限が長いので、一度身につければ、学んだことが生涯役立つ。だから学校で勉強することの意義ははっきりしていた。

しかし、情報化社会を迎え、序章でもふれたように、必要な知識が爆発的に増加すると同時に、知識の陳腐化が進む。増加と陳腐化の内、増加は分かりやすい。公害や臓器移植、エイズ、ジェンダー、オゾンなど、ほんの一昔前まで、考えられなかった問題で、現在では、習得を求

められる内容が増加している。学校としては、伝達するものが増えるので、注入型の学校になりやすい。

それでもなんとか知識を伝達できたとしても、学校にとって、知識の有効期限が短くなり、時として、かつての知識が誤りとなるのが大きな問題になる。東欧の多くは国としての形を変えてしまったし、家族については一昔前の常識などが崩れている。さらに、理科の知識は日に日に新しくなっていくので、正しいと思い学んだことが誤りとなることがまれではない。少なくとも、知識の絶えざる訂正が必要になる。そうした意味では、知識の体系を伝達するという学校の機能が揺らいでいるのが分かる。

③ 日本的な学校文化は現代社会に適合しなくなった

これまでの教育は集団としての子どもに知識を伝達する色彩が強かった。担任が学級王国を率いて、基礎的な知識や技能を一斉授業の形で子どもたちに伝達する学校である。教育の近代化の過程でそうした形式が定着するのはやむを得ないように思う。

しかし、現代社会では知識を伝達する意味は薄れているし(②)、学校はもはや地域の情報センターではない(①)。それだけに、学校の地盤沈下が進んでいるが、そうした学校の持っていた学校の文化そのものが曲がり角を迎えつつある。

特に現代社会では一人ひとりの個性が尊重され、選択の自由が大事にされているだけに、それと対比して、集団内での同調行動を求められる学校の文化が時代から取り残された感じになる。

具体例をあげるなら、通学の際の服装や持ち物などを決めた校則が問題になる。子どもの権利条約でふれたように、何を着るか、何を持つかは、子どもの基本的な人権に関するものであろう。もちろん、学校として教育を進める上で、必要な決まりがあろう。しかし、着るものや持ち物はそうした範疇に入ると思えない。その他、遠足や修学旅行、卒業式などの行事のあり方も学校主導型で、子どもの声が生かされていない印象を受ける。

学習塾に通う子どもたちは私服を着ているし、好きな持ち物を持っているが何の問題もない。学習塾を例にあげたが、欧米の学校では、子どもの権利が尊重され、公立の学校では制服の規定をしている事例は少ない。教育とは本来子どもたち一人ひとりの自主性を尊重して、個人の個性を発揮させるのを狙いとする営みであろう。残念ながら、現在の学校はそうした形で作られていないように思われる。

④　学歴（学校歴）がパスポートとしての重みを失った

かつての社会で、学校は知識伝達の機能を果たしていた。それだけに、学歴は知識の取得を意味したので、高学歴の持ち主はより多くの知識を習得した人として尊重された。学歴が人生のパスポートとして機能した時代である。

近代社会の中で学歴が果たした役割についてはここで詳しくふれる余裕はないが、現在のように学校の地盤が低下し、学校の持つ知識伝達の意味が薄れてくると、学歴そのものの意味も薄れてくることはたしかであろう。少なくとも、出身高校や大学の持つ重みが減少して、通過機関の証明書的なものに変化してくる。

(3) 学校再生の方策

このように見てくると、学校が終焉の時を迎えている思いが強まる。しかし、現在でも子どもたちは長い時間を学校で過ごしている。そして、理想はともあれ、現実問題として、子どもたちが学校に籍を置く状況はこれから先も続こう。それだけに、学校の再生が求められる。しかし、これまでと同じ形の学校では、学校の再生はありえない。そこで、学校をどう変革したらよいのか、発想をどう変えたらよいのか、いくつかの視点をあげておこう。

① 規制を緩めて、個性的な学校作りを試みる

沖縄から北海道まで、どこでも同じ教育を受けられるのは、機会の均等という面で高く評価してよいものであろう。しかし、歴史的に見ると、そうした状況は学校成立期に求められるもので、現在のように豊かに成熟した情報社会では、むしろ個性化が求められる。思いきって学校についての規制を緩め、国や県は教育についての大まかな基準を提示するだけで、実質的な

学校作りの中心を市レベルに落としてはどうか。市ごとに教育計画を作成し、競争をしていけば、個性的な学校作りが可能になる。

② 選択制を基本として、学校のシステムを構築する

そうした基準の緩和は個々の学校についてもあてはまる。市内に五つの小学校があれば、それぞれが個性的な計画を発表する。そうした個性を見て、親と子どもが在籍する学校を選ぶ形になれば、学校の持つ強制的なイメージは薄れよう。

これまでの学校では、学校の都合で規則を決め、子どもたちに遵守を求めていた。それだけに、校則に限らず、不必要な規則が少なくない。規則を緩め、選択性を大事にして、それぞれが個性的な子どもを育てる。そうした学校作りを目指してはどうか。

③ 基礎基本をふまえ、探求的な学習を大事にする

これからの学校では、基礎基本と探求とに領域を分けよう。そして、読み書きや算数に基礎基本を限定して、そうした精選した学力は徹底して伝達する。そして、その他の時間で探求的な学習を進める。

これまで学校は知識の伝達が主な機能だったので、記憶力のよさが求められた。そして、実際に記憶力のよい子どもの成績がよく、高校や大学の入試でも記憶力のよさが求められた。それだけに、記憶力が劣ると、勉強に自信を持てなかった。しかし、探求的な学習になれば、本

人の知的な好奇心や探求心が大事になる。そして、どの子どもも指導の仕方で探求心を発揮できよう。それだけに、多くの子どもたちは苦手意識を持たずに、学習に関心を持ち、楽しく学習ができるように思われる。

④　集団の中での個性作りを心がける

現代の学校が終焉の時を迎えたのはたしかだが、そうした一方、学校は新しい役割を担い始めている。現代の子どもたちは核家族化状況で育っている上に、きょうだいの数も少ない。加えて、地域の中に群れ遊ぶ友の姿が見うけられないのは、くりかえし指摘した通りである。人間関係のネットワークを持たない子どもたちである。

そうした意味では、学校は現代の子どもたちが群れて共同生活を送る数少ない場となる。学校に行けば、何十人、あるいは何百人の同年代の子どもたちがいる。そうした仲間と仲よく暮らしていく。そうした経験は現代の子どもにとって貴重なものであろう。集団生活の中で、それぞれの子どもが人との付き合い方を身につけていく。学校はそうした人間関係の作る力を大事に担っていったらどうかと思う。

学校のあり方について、これ以外にふれたいことが多いが、これからの学校に望まれるのは、なによりも規制を緩和して、「選択」の原理を導入することであろう。その際、行政の規制をゆるやかにするだけでなく、学校の内部にも選択制を導入して、個々の子どもの自主性を尊重する。そうした個別の学習と集団的な活動とを組み合わせるのがこれからの学校の姿であろう。

⑤　心の面での指導の充実

つきつめていえば少子化社会の子どもは一人っ子あるいは二人っ子の比率が増すことを意味しよう。そうなると、一人ひとりの子どもが親の手厚い保護を受け、きょうだいげんかもすることなしに育ってくるから、集団生活に適応しにくい子どもが増加してこよう。そうした意味では「いじめ」や「不登校」「高校中退」などの生徒指導上の問題が形を変えて登場してくる可能性が強い。というより、子どもたちはきちんとしつけられているだけに学習上の問題は少ないと思われるが、人間関係面での不適応問題はむしろ一般化して来るように思われる。それだけに、子どもたちの心の指導は、これからの学校でより重要になり、学校の中枢の課題となる可能性が強い。それと同時に、教師の働きも「教える人から子どもを支え励ます人に」変わっていくことも重要になる。

⑥　学校の見方についての転換を

もちろん、①から⑤への転換を現状の枠のままでは実現しにくい。特に小学校から高校までの領域については、以下のような変革が前提になる。

(1)　教育行政の分権。教育の地方分権を進め、教育の基準作りは各県に、実質的な運営は市に委ね、少なくとも、高校までの教育については、文部省は調整や情報提供に役割を限定する。

(2) 生涯学習の視点で。これからの教育は生涯学習を基本的な視点として構築する必要があろう。「学びたい人は、いつでも、誰でも、どこでも学べる」が生涯学習の理念だが、そうした中で基礎教育は生涯学習への動機づけをすれば充分で、完成教育を目指す必要はあるまい。

(3) 学校制度の見直しも。六・三・三制という単線型の学校制度は第二次大戦後にアメリカの影響を受けて導入されたものであった。六・三・三制は当時として進んだ学校制度だった。男女共学や教育委員会制度などと並んで、そうした改革の意味は高く評価したいが、半世紀を経て、いかに優れたものでも、制度的な疲労が生まれる。例えば、子どもの発達を考えると、六・三・三制に代わって、四・四・四制（あるいは、就学年齢を下げて五・四・四制）を導入するのも一案であろう。

こうした指摘をすると、現状からかけ離れたように思われがちだが、現代のように社会全体が大きく変動する時代では、学校も変わって不思議ではない。というより、文字通りに、現代は二一世紀に向けて、学校の抜本からの再構築が求められている時代であろう。

(4) 成長のプログラム

もう一度、これまでの内容を要約するなら、「一人きりで、部屋にこもり、情報を受容している」のが現代の子どもとなる。それだけに、「生の体験を積みながら、人とのふれあいを大事にし、自分の考えを持った子どもを育てよう」が子どもを指導する時の理念になる。ごく当たり前、というより、当たり前すぎる指摘である。

換言するなら、これまでの社会で、当然と思われてきたものが失われ、新しい状況が出現した。残念ながら、学校はそうした子どもの変化に対応できないでいる。すでに紹介した改革を試みても、どの程度の成果を上げられるのか疑問は残る。いずれにせよ、学校だけで子どもの成長を担えないのは明らかなので、もう少し、幅広く、成長のプログラムを考えてみよう。

① 家庭＝依存と同じに自立を

かつての子どもは遅かれ早かれ、家から出て行く宿命を背負っていた。高等小学校、というから、一四歳で、多くの子どもは小僧などの形で働きに出る。旧制中学に進んだ生徒も家を離れ、寄宿するのが常であった。それだけに、親は子どもが家にいる間、子どもを慈しみ、大事に保護した。

しかし、現代の子どもは小中学校はむろん、高校も家から通える。大都市なら、大学そして、勤務も家からが可能になる。そうなると、親に依存するだけで、自立が遅れる。それだけに、子どもが小さい内から依存と同時に、自立させることを大事にするべきであろう。

子どもも、家族の一員として家庭を支えさせる。家事手伝いなどを通して、生の体験をさせることも大事だが、自立を重視して、子どもの考えを尊重したい。けいこごとや塾通い、部活、進学する高校なども、子ども自身で決定させるようにしたい。

② 地域＝群れと体験の場

地域の中で子どもは成長していく。そうした成長を支えるのは、なんといっても群れて遊ぶことであろう。くり返し指摘してきたように、地域での群れの中から、子どもたちは生きた体験を積み、友との付き合いを学び、考える力を伸ばしていく。群れ遊びは子どもたちの自治区のようなもので、おとなが関与することは避けたい。それと同時に、かつての地域に若者宿や娘宿と並んで、子ども宿があった。そして、このような体験の場を通して、「群れ」や「直接体験」、「自分らしさ」に磨きをかけることができた。

見方を変えると、地域に群れの姿があり、体験の場があれば、すでにふれた現代の成長の課題はあらかた解消された感じになる。もっとも、「群れ」と「体験の場」とでは、対応の仕方が異なる。

群れの再生については、週に一回でいいから、特定の曜日をフリー・デイとして、けいこごとや塾通いを自粛する。そして、ノウ・シュクダイ・デイとし、親たちに勧めて、地域にどの子どもも出てくれるようにする。そうした対策を講じれば、時間がかかっても、群れは再生されよう。

それと同時に、地域に子どもが集まれる場を用意する。スポーツをしたり、音楽を楽しんだり、絵を描いたりする。そうした場は、かつて子ども宿として存在していたし、中国の少年宮なども、具体例になる。そうした場があって、体験を積めれば、現代の子どももたくましく成長できよう。

③　全体＝トータルなプランを

現代の問題は環境の激変の影響を受けて、子どもの成長が大きく変わっているところから出発している。そうした意味では、学校だけの努力で問題が解決できるようなものではない。学校に家庭、地域を視野に入れ、乳幼児から青年までの成長を見通したトータルなプランが必要であろう。そうなると、各県や市町村でそれぞれの成長プランを策定し、たがいに情報を交換しつつ、長所を伸ばし、短所を補う形が望まれよう。

あとがき

いつのまにか高齢者の仲間入りをしたらしい。たしかに、無意識に物を置いて、置き場所が分からなくなり、ありかを探す。あるいは、人の名前が出なくなったりすることが増えた。流行りの言葉を使うなら、老人力がついたのを痛感する昨今である。

そうした一方、健康に恵まれ、この三〇年、医者に行ったことはない。さいわい、メガネをかけずに、新聞を読める。下手なゴルフはあいかわらずだが、飛距離は四〇代と変わらない。気持ちだけは、五〇代前半のつもりだ。

若いつもりで、本書の構成を考え、パソコンを打った。そうはいうものの、加齢による感覚的な衰えは避けられないように思う。正直にいって、出版にあたって、現代に通用するレベルを保っているか、不安が強い。

若い研究仲間たちが周りにいて、研究に刺激を与えてくれる。本書で紹介した調査の多くはそうした若い仲間たちとの協同研究の産物である。新しい問題が起きると、状況を調べたり、それへの対応を考える。そうした積み重ねで、年月が過ぎていく感じがする。

ゲラを読み直しながら、それぞれの場面で仲間たちと議論した内容を思い起こした。さまざまな形で刺激を与えてくれた研究同人の先生たちに感謝したいと思う。それと同じに、長い期間、調査を支えてくださったベネッセの福武聡一郎社長やベネッセ教育研究所の島内行夫所長に心から感謝したい。

本書の多くは調査データに基づいている。引用した調査は二〇本以上になるので、平均一五〇〇サンプルとして、三万人以上の人から協力を仰いだ計算になる。あらためて感謝したい。

昨年四月、招かれて現在の短大に移った。幼児教育学科に専攻科を立ち上げるために、東京成徳短大に在籍することになった。保育の世界に足を踏み入れることになり、六五歳からの手習いの感じで、新しい分野を理解する努力を重ねている。自分としては「生涯一学徒」の状況を持てることを、東京成徳学園・木内四郎兵衛理事長、東京成徳短大・木内秀俊学長に感謝している。

本書が温かく受け入れられ、そうした支えをバネにして、次作をまとめることができればと願っている。今回も黎明書房の武馬社長と編集の柏木氏の心からのお力添えを得た。

二〇〇〇年一月

深谷昌志

著 者 紹 介
深 谷 昌 志
1957年東京教育大学教育学部教育学科卒業
1964年同大学大学院教育学研究科博士過程修了
奈良教育大学教授，放送大学教授，静岡大学教授を経て，現在，東京成徳短大教授。教育社会学専攻，教育学博士。
著書：『学歴主義の系譜』
『増補・良妻賢母主義の教育』
『放送大学で何が起こったか』（編著）
『親孝行の終焉』
『子どもの生活史－明治から平成－』
（以上，黎明書房）
『孤立化する子どもたち』
『無気力化する子どもたち』
（以上，NHKブックス）
『テレビのしつけ』（フレーベル館）
『好かれる教師はどこが違う』（明治図書）
他，多数。

「子《こ》どもらしさ」と「学校《がっこう》」の終焉《しゅうえん》

2000年3月1日　初版発行
著　者　深《ふか》　谷《や》　昌《まさ》　志《し》
発行者　武　馬　久　仁　裕
印　刷　株式会社一誠社
製　本　協栄製本工業株式会社

発 行 所　株式会社　黎《れい》　明《めい》　書《しょ》　房《ぼう》

460-0002 名古屋市中区丸の内3-6-27 EBSビル ☎〈052〉962-3045
振替・00880-1-59001　　FAX〈052〉951-9065
101-0051 東京連絡所・千代田区神田神保町1-32-2 南部ビル302号
☎〈03〉3268-3470

ISBN 4-654-09008-8